GRöLS Verlage

„BÜCHER SIND WIE FALLSCHIRME. SIE NÜTZEN UNS NICHTS, WENN WIR SIE NICHT ÖFFNEN."

Gröls Verlag

Redaktionelle Hinweise und Impressum

Das vorliegende Werk wurde zugunsten der Authentizität sehr zurückhaltend bearbeitet. So wurden etwa ursprüngliche Rechtschreibfehler *nicht* systematisch behoben, denn kleine Unvollkommenheiten machen das Buch – wie im Übrigen den Menschen – erst authentisch. Mitunter wurden jedoch zum Beispiel Absätze behutsam neu getrennt, um den Lesefluss zu erleichtern.

Um die Texte zu rekonstruieren, werden antiquarische Bücher von Lesegeräten gescannt und dann durch eine Software lesbar gemacht. Der so entstandene Text wird von Menschen gegengelesen und korrigiert – hierbei treten auch Fehler auf. Wenn Sie ebenfalls antiquarische Texte einreichen möchten, finden Sie weitere Informationen auf www.groels.de

Viel Freude bei der Lektüre wünscht Ihnen das Team des Gröls-Verlags.

Adressen

Verleger: Sophia Gröls, Im Borngrund 26, 61440 Oberursel

Externer Dienstleister für Distribution & Herstellung: BoD, In de Tarpen 42, 22848 Norderstedt

Unsere „Edition | Werke der Weltliteratur“ hat den Anspruch, eine der größten und vollständigsten Sammlungen klassischer Literatur in deutscher Sprache zu sein. Nach und nach versammeln wir hier nicht nur die „üblichen Verdächtigen“ von Goethe bis Schiller, sondern auch Kleinode der vergangenen Jahrhunderte, die – zu Unrecht – drohen, in Vergessenheit zu geraten. Wir kultivieren und kuratieren damit einen der wertvollsten Bereiche der abendländischen Kultur. Kleine Auswahl:

Francis Bacon • Neues Organon • **Balzac** • Glanz und Elend der Kurtisanen • **Joachim H. Campe** • Robinson der Jüngere • **Dante Alighieri** • Die Göttliche Komödie • **Daniel Defoe** • Robinson Crusoe • **Charles Dickens** • Oliver Twist • **Denis Diderot** • Jacques der Fatalist • **Fjodor Dostojewski** • Schuld und Sühne • **Arthur Conan Doyle** • Der Hund von Baskerville • **Marie von Ebner-Eschenbach** • Das Gemeindekind • **Elisabeth von Österreich** • Das Poetische Tagebuch • **Friedrich Engels** • Die Lage der arbeitenden Klasse • **Ludwig Feuerbach** • Das Wesen des Christentums • **Johann G. Fichte** • Reden an die deutsche Nation • **Fitzgerald** • Zärtlich ist die Nacht • **Flaubert** • Madame Bovary • **Gorch Fock** • Seefahrt ist not! • **Theodor Fontane** • Effi Briest • **Robert Musil** • Über die Dummheit • **Edgar Wallace** • Der Frosch mit der Maske • **Jakob Wassermann** • Der Fall Maurizius • **Oscar Wilde** • Das Bildnis des Dorian Grey • **Émile Zola** • Germinal • **Stefan Zweig** • Schachnovelle • **Hugo von Hofmannsthal** • Der Tor und der Tod • **Anton Tschechow** • Ein Heiratsantrag • **Arthur Schnitzler** • Reigen • **Friedrich Schiller** • Kabale und Liebe • **Nicolo Machiavelli** • Der Fürst • **Gotthold E. Lessing** • Nathan der Weise • **Augustinus** • Die Bekenntnisse des heiligen Augustinus • **Marcus Aurelius** • Selbstbetrachtungen • **Charles Baudelaire** • Die Blumen des Bösen • **Harriett Stowe** • Onkel Toms Hütte • **Walter Benjamin** • Deutsche Menschen • **Hugo Bettauer** • Die Stadt ohne Juden • **Lewis Caroll** • *und viele mehr….*

Gerhart Hauptmann

Der Biberpelz

Eine Diebskomödie

Zuerst erschienen:

1893

Inhalt

Dramatis Personae

von Wehrhahn, Amtsvorsteher
Krüger, Rentier
Dr. Fleischer
Philipp, sein Sohn
Motes
Frau Motes
Frau Wolff, Waschfrau
Julius Wolff, ihr Mann
Leontine, Adelheid, ihre Töchter
Wulkow, Schiffer
Glasenapp, Amtsschreiber
Mitteldorf., Amtsdiener

Ort des Geschehens:
irgendwo um Berlin.

Zeit:
Septennatskampf gegen Ende der achtziger Jahre.

Erster Akt

Kleiner, blaugetünchter, flacher Küchenraum mit niedriger Decke; ein Fenster links; eine rohgezimmerte Tür, ins Freie führend, rechts; eine Tür mit ausgehobenem Flügel mitten in der Hinterwand. – Links in der Ecke der Herd, darüber an der Wand Küchengerät am Rahmen, rechts in der Ecke Ruder und Schiffereigerät; gespaltenes Holz, sogenannte Stubben, unter dem Fenster in einem Haufen. Eine alte Küchenbank, mehrere Schemel usw. usw. – Durch den leeren Türrahmen der Hinterwand blickt man in den zweiten Raum. Darin steht ein hochgemachtes, sauber gedecktes Bett, darüber hängen billige Photographien in noch billigeren Rahmen, Öldruckköpfe in Visitenkartenformat usw. Ein Stuhl aus weichem Holz ist mit der Lehne gegen das Bett gestellt. – Es ist Winter, der Mond scheint. Auf dem Herd in einem Blechleuchter steht ein brennendes Talglicht. Leontine Wolff ist auf einem Schemel am Herd, Kopf und Arme auf der Herdplatte, eingeschlafen. Sie ist ein siebzehnjähriges, hübsches blondes Mädchen in der Arbeitstracht eines Dienstmädchens. Über die blaue Kattunjacke hat sie ein dickes, wollenes Brusttuch gebunden. – Einige Sekunden bleibt es still, dann hört man, wie jemand bemüht ist, von außen die Tür aufzuschließen, in der jedoch von innen der Schlüssel steckt. Nun pocht es.

Frau Wolff, *unsichtbar, von außen*. Adelheid! Adelheid! *Stille; dann wird von der andern Seite ans Fenster gepocht*. Wirschte gleich uffmachen!

Leontine, *im Schlaf*. Nein, nein, ick lass' mir nich schinden!

Frau Wolff. Mach uff, Mädel, sonste komm' ich durchs Fenster. *Sie trommelt sehr stark ans Fenster*.

Leontine, *aufwachend*. Ach, du bist's, Mama! Ick komme ja schon! *Sie schließt innen auf*.

Frau Wolff, *ohne einen Sack, welchen sie auf der Schulter trägt, abzulegen*. Was willst'n du hier?

Leontine, *verschlafen*, 'n Abend, Mama!

Frau Wolff. Wie bist'n du reingekommen, hä?

Leontine. Na, übern Ziejenstall lag doch der Schlüssel. *Kleine Pause*.

Frau Wolff. Was willste denn nu zu Hause, Mädel?

Leontine, *läppisch maulend*. Ich soll woll man jar nich mehr bei euch komm?

Frau Wolff. Na, sei bloß so gutt un tu dich a bissel. Das hab' ich zu gerne. *Sie läßt den Sack von der Schulter fallen*. Du weeßt woll noch gar nich, wie spät daß schonn is? Mach bloß, daßte fortkommst zu deiner Herrschaft.

Leontine. Wenn ick da man ooch wer mal'n bißken zu spät komm!

Frau Wolff. Nu nimm dich in Obacht, hast de verstanden! Und sieh, daßte fortkommst, sonst haste verspielt.

Leontine, *weinerlich, trotzig*. Ick jeh' nich mehr bei die Leute Mama!

Frau Wolff, *erstaunt*. Du gehst nich ... *Ironisch*. Ach wo, das ist ja was ganz Neues.

Leontine. Na brauch' ick mir immer lassen schinden?

Frau Wolff *war bemüht, ein Stück Rehwild aus dem Sack hervorzuziehen*. I, schinden tun se dich also bei Kriegers? Nee, so a armes Kind aber ooch! – Mit so was komm mer ock uffgezogen! A Frauenzimmer wie a Dragoner ...! Nanu faß an, dort unten a Sack! Du kannst dich woll gar nich tälscher anstellen? Bei mir haste damit kee Glicke nich! 's Faulenzen lernste bei mir erscht recht nich! *Beide hängen den Rehbock am Türpfosten auf*. Nu sag' ich dersch aber zum letzten Male ...

Leontine. Ick jeh' nich mehr bei die Leute hin. Denn jeh' ick lieber int Wasser, Mama!

Frau Wolff. Na, daßte ock bloß keen'n Schnuppen krigst.

Leontine. Ich spring' int Wasser!

Frau Wolff. Da ruff mich ock, heerschte! Ich wer der an Schubs geben, daß de ooch ja – und fliegst nich daneben.

Leontine *schreit heftig*. Na, brauch' ick mir das woll jefallen zu lassen, det ick abens muß Holz rinräumen zwee Meter?

Frau Wolff *tut erstaunt*. Nee, 's is woll nich meeglich! Holz sollst de reinschleppen! Nee, ieber die Leute aber ooch!

Leontine ... un zwanzich Daler uffs janze Jahr? Denn soll ick mir ooch noch die Poten verfrieren? Und nich ma satt Katoffel und Häring?!

Frau Wolff. Da red erscht nich lange, tummes Mädel. Da hast a Schlissel, geh, schneid d'r Brot ab. Un wenn de satt bist, scheer dich, verstanden!? 's Flaummus steht in der oberschten Reihe.

Leontine *nimmt aus einer Schublade ein großes Brot und schneidet davon*. Die Juste von Schulzens kriecht vierzig Daler un ...

Frau Wolff. Renn du bloß mit'n Kopp durch de Wand! – Du wirscht bei da Leuten nich ewig bleiben. Du bist ni vermit't fir ewige Zeiten. – Meinswegen zieh du zum erschten April. – So lange bleibste an Ort und Stelle! – 's Weihnachtsgeschenk in der Tasche, gelt, nu mechtste fortloofen? Das is keene Mode! – Ich geh' bei da Leuten aus und ein. Das wer ich woll uff mir sitzen lassen!

Leontine. Det bißken Lumpe, det ick da anhabe?

Frau Wolff. 's baare Geld vergißte woll ganz?

Leontine. Jawoll doch! Janze Märker sechse!

Frau Wolff. I, Geld is Geld! Das laß du gutt sein!

Leontine. Na, wenn ick aber kann mehr verdien'n!?

Frau Wolff. Mit'n Maule!

Leontine. Nee, mit de Nähmaschine. Ick jeh' nach Berlin und nähe Mäntel. Stechowns Emilie jeht ooch seit'n Neujahr!

Frau Wolff. Komm du mer bloß mit der Schlumpe gezogen! Die soll mer ock unter de Finger loofen! Dem Balge will ich a Talglicht uffstecken! Das war' so a Awasemeng fer dich, gelt? Mit a Kerln de Nächte verschwiemeln. Nee, Mädel, wenn ich bloß dadran denke: ich hau' dich, daßte schonn gar nich mehr uffstehst. – Nu kommt Papa, jetzt nimm dich in Obacht!

Leontine. Wenn Papa mir verpaukt, denn loof ick fort; denn wer ick schon sehn, wo ick bleiben du'.

Frau Wolff. Jetzt maul nich! Geh und futter de Ziegen. Se sind ooch noch nich gemolken den Abend. Un gibb a Karnickeln 'ne Hamv'll Heu.

Leontine *sucht schnell hinauszukommen, trifft aber in der Tür auf ihren Vater, sagt flüchtig 'n Abend und wischt an ihm vorüber hinaus. Julius Wolff, der Vater, ist Schiffszimmermann, von langer Figur, mit blöden Augen und trägen Bewegungen, etwa dreiundvierzig Jahr alt. – Er stellt zwei lange Ruder, die er auf der Schulter getragen, in die Ecke und wirft sein Schiffszimmergerät schweigend ab.*

Frau Wolff. Haste a Schiffer-Emil getroffen?

Julius *brummt.*

Frau Wolff. Kannste nich reden? Ja oder nein? Wird a rumkomm, hä?

Julius, *unwirsch*. Immerzu doch! Schrei du man noch mehr!

Frau Wolff. Du bist schon a kuraschierter Kerl. Dabei da vergißte de Tiere zuzumachen.

Julius *schließt die Tür*. Was is'n das wieder mit Leontinen?

Frau Wolff. I, gar nischt! – Was hat'n der Emil gelad't?

Julius. All widder Klinkern. Wat soll er jelad't hebben? – Wat is det nu widder mit det Mädel?

Frau Wolff. De halbe Zille oder de ganze?

Julius, *jähzornig aufwallend*. Wat mit det Weibsstück all widder los is!

Frau Wolff, *ihn überbietend*. Was Emil gelad't hat, will ich wissen. A halben oder a ganzen Kahn?

Julius. I, immerzu doch, de janze Zille.

Frau Wolff. Pst, Julian. *Sie erschrickt und riegelt den Laden zu*.

Julius, *sie erschrocken anglotzend, schweigt. Nach einigen Sekunden, leise*. 's is all 'n junger Förster in Rixdorf.

Frau Wolff. Geh, krich untersch Bette, Julian. *Nach einer Pause*. Wenn du bloß nich aso schrecklich tumm wärscht. Glei wirschte de wie so a richt'ger Bremmer. Von solchen Sachen verstehst de doch nischt. Laß du mich bloß fer die Mädel sorgen. Das schlägt nich in deine Konferenz. In meine Konferenz geheert das. Bei Jungen wär' das ganz was andersch. Da wer ich dir ooch niemals nischt reinreden. A jedes hat seine Konferenz!

Julius. Denn soll se man mir nich jrade in 'n Weg loofen.

Frau Wolff. Du willst se woll lahm schlagen, Julian?! Laß du dir ock ja nich aso was einfallen! Denk bloß nich, daß ich aso was zugebe! Ich wer se mer lassen zuschanden schlagen. Das Mädel kann unser Glicke sein. Wenn du bloß fer so was a Verschtand hätt'st.

Julius. Denn soll se man sehn, wo se bleiben dut.

Frau Wolff. Da is keene Angst drum, Julian. Kann meeglich sein, du erlebst noch was. Se wohnt noch amal in der Beletage, und wir sein froh, wenn se uns bloß kennt. Was hat'n der Tätsrat zu mir gesagt? Ihre Tochter is so ein scheenes Mädchen, die kann beim Theater Farure machen.

Julius. Denn soll se man machen, det se hinkommt.

Frau Wolff. Du hast keene Bildung, Julian. Von Bildung hast du ooch keene Spur. Wenn ich nee gewest wär', Julian! Was wär' ock aus da Mädeln geworden? Ich hab' se gebild't erzogen, verstehste. De Bildung is heutzutage de Hauptsache. Das geht nich aso uff eenen Hieb. Immer eens nach'n andern, a pee a pee. Nu mag se mal erscht a Dienst kenn'nlern. Dann geht se meinswegen rein nach Berlin. Die is heite noch viel zu jung fersch Theater. *Es hat unter dem Vorhergehenden mehrmals an die Tür gepocht, nun klingt*

Adelheids Stimme *herein*. Mama! Mama! mach doch bloß man uff! *Frau Wolff öffnet. Adelheid kommt herein. Sie ist ein langaufgeschossenes Schulmädchen im vierzehnten Jahre, mit hübschem Kindergesicht. Der Ausdruck ihrer Augen aber verrät* *frühe Verderbnis*. Wat machste mir denn nich uff, Mama? Ick hab' mir ja Hände un Füße verfroren.

Frau Wolff. Red nich erscht lange an Blech zusammen. Mach Feuer in Ofen, da wird der schonn warm wern. Wo steckst d'n du ieberhaupt aso lange?

Adelheid. Ick hab' doch de Stiebeln jeholt for Vatern.

Frau Wolff. Da biste wieder zwee Stunden geblieben.

Adelheid. Na, wenn ick um sieben erscht bin jegangen?

Frau Wolff. Um sieben bist de gegangen, so. Jetzt is 's halb Elfe. Das weeßte woll gar nich? Da biste bloß viertehalbe Stunde gewesen, das is woll ni viel? Nu heer amal druff, uff das, was ich sage. Bleibst du mer noch eemal so lange fort und gar bei dem lausigen Fielitzschuster – dann paß amal uff, was der da passiert.

Adelheid. Ick soll wohl bloß immer zu Hause biestern?

Frau Wolff. Jetzt biste stille un red'st keen Ton.

Adelheid. Wenn ick ooch mal bißken zu Fielitzen jeh' ...

Frau Wolff. Ob de woll stille bist, mecht' ich wissen. Lehr du mich Fielitz'n kenn'n! Ja? Der Audiat soll sich ock nich benehmen. Dessen sei Handwerk is ni bloß Schuhflicken. Wenn eener erscht zweemal im Zuchthause sitzt ...

Adelheid. Det is ja nich wah ... Det is ja bloß alles zusammenjelogen. Er hat et mir ja jesagt, Mama!

Frau Wolff. Das weeß doch's ganze Dorf, tumme Gans! Das is a richt'ger Kuppler is das.

Adelheid. Er jeht ja sojar bein Amtsvorsteher.

Frau Wolff. Na freilich doch. Fer Spionierer. A Tenuntiat is a obendruff.

Adelheid. Wat is'n det, 'n Tenutiat?

Julius, *aus dem Nebenzimmer, in das er gegangen war.* Nu will ick all noch zwee Wörter abwarten. *Adelheid wird bleich und geht gleich stumm daran, Feuer im Ofen zu machen. Leontine kommt herein.*

Frau Wolf *hat den Rehbock aufgebrochen, Herz, Leber usw. herausgenommen und übergibt es Leontine.* Da schnell, wasch ab! Sei bloß ganz still, sonste schlägt's noch ein. *Leontine, sichtlich eingeschüchtert, begibt sich an die Arbeit. Beide Mädchen flüstern miteinander.*

Frau Wolff. Hä, Julian? Was machste dadrinne? Du hast's woll schon wieder vergessen, hä? Ich hab' dersch doch heute morgen gesagt. Das Brett, was de losgerissen is.

Julius. Wat'n for'n Brett?

Frau Wolff. Na, weeßte nich? Hinten am Ziegenstall. Der Wind hat's doch losgemacht gestern nacht – sieh, daßte nauskommst zunageln, verstehste?

Julius. I, morjen früh is all ooch noch'n Dach.

Frau Wolff. Nu nee! Da mach der ock keene Gedanken! Mit so was wolln mer bei uns nich erscht anfangen. *Julius ist brummend ins Zimmer getreten*. Dort nimm der a Hammer! Hier haste Nägel! Nu sieh, daßte fortkommst.

Julius. Du bist ja man dußlich.

Frau Wolf, *ihm nachrufend*. Wenn Wulkow kommt, was soll er'n geben?

Julius. Na, Märker zwölwe doch janz jewiß! *Ab*.

Frau Wolff, *wegwerfend*. I, Märker zwelwe! *Pause*. Nu macht bloß, daß Papa sei Essen krigt. *Kleine Pause*.

Adelheid, *auf das Reh blickend*. Wat is'n det, Mama?

Frau Wolff. A Klapperstorch! *Beide Mädchen lachen*.

Adelheid, 'n Klapperstorch? Hat der ooch Hörner? Det weeß ick schon, 'n Rehbock is det!

Frau Wolff. Na, wenn de's weeßt, warum frägst'n da erscht?

Leontine. Hat den Papa jeschoss'n, Mama?

Frau Wolff. Nu rennt ock und schreit durchs ganze Dorf: Papa hat'n Rehbock geschossen, ja!?

Adelheid. Ick wer mir schön hüten. Denn kommt der Blanke.

Leontine. Vor Schandarm Schulzen fürcht' ick mir nich, der hat mir schon mal ant Kinn jefaßt.

Frau Wolff. Der kann dreiste komm'n. Mir tun nischt Beeses. Wenn a Reh 'n Schuß hat und 's is am Verenden und's findt's kee

Mensch, da fressen's de Raben. Ob mirsch nu fressen oder de Raben, gefressen werd's doch. *Kleine Pause*. Nu sag amal: Holz haste solln reinräumen?

Leontine. Ja, bei die Kälte! Zwee Meter Knüppel! Un wenn man kaputt is wie so'n Hund! Um halber zehne des Abends spät!

Frau Wolff. Nu liegt woll das Holz noch uff der Straße?

Leontine. Vorn Jachtentor liecht et. Ick weeß weiter nich.

Frau Wolff. Na, wenn se nu aber – und stehlen das Holz? Was'n dann morgen frieh?

Leontine. Ick jeh' nich mehr hin.

Frau Wolff. Sein's griene Knippel oder trockne?

Leontine. Det sin so schöne trockne Knüppel – *Gähnt ein Mal über das andere Mal*. I, Mama, ick bin so schrecklich müde. Ich hab' mir so schrecklich mußt abmarachen. *Sie setzt sich mit allen Zeichen der Übermüdung*.

Frau Wolff, *nach kurzem Schweigen*. Meinswegen bleib heute nacht bei uns. Ich hab' mersch a bissei andersch ieberlegt. Und morgen früh wolln mer weitersehn.

Leontine. Ick bin janz abjekommen, Mama. Det hängt bloß noch allens so an mir.

Frau Wolff. Nu mach und geh schlafen, nauf in de Kammer, daß Papa nich etwan doch noch'n Krach macht. Von solch'n Sachen versteht a zu wenig.

Adelheid. Papa spricht immer so unjebildet.

Frau Wolff. A hat eben keen Bildung gelernt. Das wer' mit euch ooch nich andersch sein, wenn ich euch nich hätte gebild't erzogen. *Auf dem Herd eine Kasserolle haltend, zu Leontine*. Nu komm, leg's rein. *Leontine legt die gewaschenen Fleischstücke in die Kasserolle*. So. Jetzt geh schlafen.

Leontine *begibt sich ins Hinterzimmer, noch sichtbar spricht sie*. Mama! Der Motes is fort von Krüger.

Frau Wolff. Da hat a woll keene Miete bezahlt?

Leontine. Mit Hängen und Würjen, sagt Herr Krüger. Er hat ihm aber doch rausjeschmissen. 's war' so'n verlogener, windiger Kerl. Und immer so hochmütig zu Herr Krüger.

Frau Wolff. Wenn ich wie Herr Krieger gewesen wär', den hätt' ich gar nich so lange behalten.

Leontine. Weil Herr Krüger doch Tischler jewesen is, denn is Motes man immer so verächtlich. Mit Herr Dr. Fleischer hat er sich ooch jezankt.

Frau Wolff. Na, wer sich mit dem zankt ...! Das mecht' ich wissen. Die Leut tun keener Fliege was!

Leontine. Er darf jar nich mehr bei Fleischers hinkomm.

Frau Wolff. Wenn du amal kennt'st bei den Leuten ankomm'n!

Leontine. Da sind de Mächens wie Kind im Hause.

Frau Wolff. Und was der Bruder is in Berlin, der is doch Kassierer beim Theater.

Wulkow *hat mehrmals von außen an die Tür gepocht und ruft nun mit heiserer Stimme*. Wollt ihr mir woll mal jefälligst rinlassen?

Frau Wolff. Na freilich, warum nich? Immer rin in de Bude!

Wulkow *kommt herein; ein Spreeschiffer, nahe an sechzig Jahre alt, gebückt gehend, mit graugelbem Bart von Ohr zu Ohr und unter dem Kinn herum, der das verwitterte Gesicht frei läßt*. Ick wünsche schönen juten Abend.

Frau Wolff. Nu kommt a doch wieder angezogen, die Wolffen a bissel iebersch Ohr haun.

Wulkow. I, det versuch' ick schon ja nich mehr!

Frau Wolff. Na, anderscher wird's ja doch wieder nich wern.

Wulkow. Umjekehrt wird'n Schuh draus!

Frau Wolff. Noch was! Gelt? – – Hier hängt a. Na? A Kapitalsticke, was?

Wulkow. Det Julius man ooch jehörig uffpaßt. Se sin jetzt all böse hinterher.

Frau Wolff. Was wolln Se'n geben, das ist de Hauptsache. Was nutzt das lange Gequassele da!

Wulkow. Wat ick Ihn sache. Ick komme von Grünau. Da hebb' ick et janz bestimmt jehört. Se hebben Fritze Webern jeschossen. Se hebb'n em de Hosen voll Schrot jesenget.

Frau Wolff. Was wolln Se geben, das is de Hauptsache.

Wulkow, *das Reh befühlend.* Ick hebbe man schon vier Böcke zu liejen.

Frau Wolff. Derwegen da geht eure Zille nich unter.

Wulkow. Det soll se ooch nich. Det war' so'n Fest. Aber wat 'n dann, wenn ick nu liejenbleibe? Ick muß mit die Dinger doch rin nach Berlin. Et arbeet heut all schlecht jenug uff de Spree, und wenn et de Nacht so weiterbackt, denn jibt et morjen schon ja keen Fortkomm. Denn sitz' ick im Eise mit mein Kahn und hebbe die Dinger uff'm Halse.

Frau Wolff, *scheinbar ihren Entschluß ändernd.* Na, Mädel, spring amal runter zu Schulzen. Sag'n schönen Gruß, und a soll amal ruffkomm'n, de Mutter hätte was zu verkoofen.

Wulkow. Hebb' ick jesacht, ick will et nich koofen?

Frau Wolff. Mir is das ja ganz eengal, wersch kooft.

Wulkow. Ick will et ja koofen.

Frau Wolff. I, wer de ni will, der läßt's halt bleiben.

Wulkow. Ick koofe det Stick! Wat soll et denn bringen?

Frau Wolff, *das Reh anfassend.* Das Reh hier, das hat seine dreißig Fund. Aber gutt un gerne, kann ich Ihn sagen. Na, Adelheid! Du warscht doch dabei! Mir konnten's doch kaum uff a Nagel heben.

Adelheid, *welche ja nicht dabei war.* Ick habe mir richtig wat ausjerenkt.

Wulkow. Mit Märker dreizehn is et bezahlt. Da verdien' ick ooch noch nich zehn Fennije bei.

Frau Wolff *tut fürchterlich erstaunt; im nächsten Augenblick nimmt sie etwas anderes vor. Als hätte sie Wulkows Anwesenheit vergessen, spricht sie, ihn scheinbar erst wieder gewahrend.* Ich winsch' Ihn ooch eine glickliche Reise!

Wulkow. Na, mehr wie dreizehn kann ick nich jeben.

Frau Wolff. I, lassen Se's man!

Wulkow. Ick kann nich mehr jeben. Wat ick Ihn sage. Et is bloß, det ick die Kundschaft behalte. Jott soll mich strafen! So wah, wie ick hier steh'. Bei det janze Jeschäft verdien' ick nich so viel. Un wenn ick ooch sachen wollte: vierzehn, denn setz' ick zu, denn hebb' ick Verlust von eene Mark. Det soll mir aber nu janz ejal sind. Det ihr all 'n juten Willen seht. For Märker vierzehn ...

Frau Wolff. Lußt's gutt sein! Lußt's gutt sein! Das Reh werd'n mer los, da warten mer noch nich bis morgen frieh.

Wulkow. Na, wenn et man keener hängen sieht. Det is nich mit Jelde abzumachen.

Frau Wolff. Das Reh hier, das hab mir verendet gefunden.

Wulkow. Ja, in de Schlinge, det will ick jlooben!

Frau Wolff. Kummt bloß nich uff die Art! Da habt Ihr kee Glicke! Ma soll Euch woll all's in a Rachen schmeißen? Ma schind't sich, bis ma keen Oden mehr hat. Stundenlang muß ma baden im

Schnee, geschweige was ma dabei riskiert, im Schtockbrandfinstern. Das is kee Spaß.

Wulkow. Ick hebbe man schon Stücker viere zu liejen. Sonst wollt' ick ja sachen fünfzehn Mark.

Frau Wolff. Nee, Wulkow, heute is kee Geschäfte mit uns. Da geht ock ruhig a Häusel weiter, mir hab'n uns geschind't hier ieber a See ... ee Haar, da saß mer noch fest im Eise. Mir konnten nich vorwärts und nich rickwärts. Aso was kann ma zuletzt nich wegschenken. –

Wulkow. Na, hebb' ick nu etwa jroß wat davon? Det Schiffwerken is'n jezwungenes Werk! Un Paschen, det is'n schlechtet Jeschäft. Wenn ihr all rinfallt, denn flieg' ick schon längst rin. Bei Jahre vierzig plag' ick mir nu. Wat hebb' ick heute? 't Reißen hebb' ick. Wenn ick det Morjens früh uffsteh', denn muß ick schriegen wie'n junger Hund. Ick will mir schon viele Jahre 'n Pelz koofen, det hebben mir alle Dokters jeraten, weil det ick so leidenschaftlich bin. Ick hebb' mir noch keen könn koofen, Wolffen. Bis heute noch nich, so wah, wie ick hier steh'!

Adelheid, *zur Mutter*. Haste von Leontinen jehört?

Wulkow. Na, will ick man sagen: sechszehn Mark!

Frau Wolff. Nee, is nich! Achtzehn! *Zu Adelheid*. Wat redst'n da wieder?

Adelheid. Frau Krüger hat doch'n Pelz jekauft, der hat bei fünfhundert Mark jekost't. 'n Biberpelz.

Wulkow, 'n Biberpelz?

Frau Wolff. Wer hat'n gekooft?

Adelheid. Nu Frau Krüger doch, für Herr Krüger zu Weihnachten.

Wulkow. Det Mächen is woll bei Krüger in Dienst?

Adelheid. Ick nich. Meine Schwester. Ick jeh' überhaupt nich bei Leute in Dienst.

Wulkow. Ja, wenn ick nu so wat mal hebben könnte. Um so wat erwerb' ick mir schon lange. Da jeb' ick ooch sechzig Daler für. Det Dokter- und Apothekerjeld, det jeb' ick doch lieber für Pelzwerk aus. Da hebb' ick ooch noch'n Verjnüjen all.

Frau Wolff. Ihr braucht ja bloß amal hingehn, Wulkow, zu Kriegern rieber. Vielleicht schenkt a'n weg.

Wulkow. Nee, jutwillig nich. Aber wie jesacht: fer so wat verintressier' ick mir sehr.

Frau Wolff. I ja, so'n Pelz möcht' ich ooch mal haben.

Wulkow. Wie is et nu? Sechszehn?

Frau Wolff. Unter achtzehn is nich. Nich unter achtzehn, hat Julian gesagt. Mit sechzehn Mark darf ich dem nich erscht kommen. Wenn der sich aso was in a Kopp setzt – *Julius kommt herein*. Na, Julius, du hast doch gesagt: achtzehn Mark?

Julius. Wat hebb' ick jesacht?

Frau Wolff. Du hörscht woll wieder amal nich gutt! Du hast doch gesagt, nich unter achtzehn. Um weniger soll ich den Bock doch nich hergeben.

Julius. Ick hebbe jesacht? ... Ja so, det Stück Wild. Ja! So! Hm! Det is ooch noch ja nich zu ville.

Wulkow, *Geld herausnehmend und aufzählend*. Det's nu mal 'n Ende hat. Siebzehn Marcht. Na, stimmt et nu?

Frau Wolff. Ihr seid schon eemal a beschissener Kerl. Ich hab's ja gesagt, wie a reinkam zer Tiere: der braucht bloß ieber de Schwelle zu treten, da hat ma ooch schonn a Ding iebersch Ohr.

Wulkow *hat einen versteckt gehaltenen, eingerollten Sack aufgewickelt*. Nu helft et man jleich hier rinbugsieren. *Frau Wolff ist behilflich, das Reh in den Sack zu stecken*. Un wenn Se all mal wat zu hören kriejen von so wat – ick meen' all beispielsweise – so'n – beispielsweise so'n Pelz zum Beispiel. So Stücker sechzig – siebzig Daler, die bin ick imstande unn lege se an.

Frau Wolff. Ihr seid woll ni recht ...! Wie solln mir zu so an Pelze komm'n?

Eine Männerstimme *ruft von außen*. Frau Wolffen! Frau Wolffen! Sind Se noch wach?

Frau Wolf, *wie die andern erschrocken, heftig, gepreßt*. Fix wegstecken! wegstecken, rein in de Stube! *Sie drängt alle in das Hinterzimmer und schließt die Tür*.

Die Männerstimme. Frau Wolffen! Frau Wolffen, schlafen Se schon?

Frau Wolf *löscht das Licht*.

Die Männerstimme. Frau Wolffen! Frau Wolffen, sind Se noch wach? *Die Stimme entfernt sich singend*.

> Morgenro-ot, Morgenro-ot,
> leuchtest mir zum frühen To-od.

Leontine. Det is ja bloß Morjenrot, Mama!

Frau Wolff *horcht eine Weile, öffnet dann leise die Tür und horcht wieder. Dann schließt sie beruhigt und zündet das Licht an. Hierauf läßt sie die andern wieder herein*, 's war bloß d'r Amtsdiener Mitteldorf.

Wulkow. Wat Deibel, ihr hebbt ja schöne Bekenntschaft!

Frau Wolff. Nu seht aber, daß er fortkommt, Wulkow.

Adelheid. Mama, der Mino hat anjeschlagen.

Frau Wolff. Macht, macht, Wulkow. Federt! Und hinten naus durch a Gemiesegarten. Julian wird uffmachen. Geh, Julian, mach uff.

Wulkow. Un wie jesacht, wenn so wat mal war' wie so'n Biberpelz –

Frau Wolff. Na freilich, macht bloß!

Wulkow. Wenn die Spree all nich zu wird, denn bin ick in Stücker drei – vier Tagen all widder retur von Berlin. Da liege ick mit mein Kahn widder unten.

Adelheid. An die jroße Brücke?

Wulkow. Wo ick immer lieje. Na, Julius, denn wanke man immer vorauf. *Ab.*

Adelheid. Mama, der Mino hat wieder jebellt.

Frau Wolf, *am Herd.* I, lass'n bellen. – *Ein langgezogener Ruf aus der Ferne: »Hol über!«*

Adelheid. 't will jemand über die Spree, Mama.

Frau Wolff. Na, geh mal, Papa is ja unten am Wasser. » *Hol über!«* Trag Papan de Rudel. Er soll bloß erscht Wulkown a Stickel fortlassen.

Adelheid ab mit den Rudern. Frau Wolff ist eine Weile, eifrig arbeitend, allein. Adelheid kommt wieder.

Adelheid. Papa hat'n Rudel unten im Kahn.

Frau Wolff. Wer will denn so spät noch iebersch Wasser?

Adelheid. Ick jloobe, Mama, 't is der dämliche Motes.

Frau Wolff. Was? Wer is 's, Mädel?

Adelheid. Ick jloobe, de Stimme war Motesens Stimme.

Frau Wolf, *heftig.* Geh runter, lauf! Papa soll ruffkomm; der dämliche Motes kann drieben bleiben. Der braucht mer nich erscht im Hause rumschniffeln.

Adelheid ab. Frau Wolff versteckt und räumt alles beiseite, was an die Rehbockepisode etwa erinnern könnte. Über die Kasserolle deckt sie eine Stürze. Adelheid kommt zurück.

Adelheid. Mama, ick bin schon zu spät jekomm. Ick hör' se schon reden.

Frau Wolff. Wer is 's denn nu?

Adelheid. Ick sag' et ja: Motes.

Frau und Herr Motes erscheinen nacheinander in der Tür. Beide mittelgroß: Sie: geweckte junge Frau von etwa dreißig Jahren, bescheiden, aber ordentlich gekleidet. Er hat einen grünen Jagdüberzieher an, sein Gesicht ist gesund und unbedeutend, er trägt über dem linken Auge eine schwarze Binde.

Frau Motes *ruft herein*. Nase blau jefroren, Mutter Wolffen!

Frau Wolff. Warum gehn Se spazieren in der Nacht. Sie hab'n doch am Tage Zeit genug.

Motes. Schön warm is 's hier. – Wer hat Zeit am Tage?

Frau Wolff. Na Sie!

Motes. Ick lebe wohl etwa von meine Renten?

Frau Wolff. Das weeß ich ja nich, von was Sie leben.

Frau Motes. I, sein Se man bloß nich so glupsch, Mutter Wolffen. Wir wollten mal fragen nach unsere Rechnung.

Frau Wolff. Da hab'n Se mich schon mehr wie eenmal gefragt.

Frau Motes. Na, da frag'n wir noch mal, was is denn dabei? Wir müssen doch endlich mal bezahlen.

Frau Wolf, *erstaunt*. Bezahlen wollen Se?

Frau Motes. Jewiß doch. Natürlich!

Motes. Die Mutter Wolffen tut ganz erstaunt. Sie dachten wohl, wir würden Ihn durchbrennen?

Frau Wolff. I, so was wer ich doch woll nich denken. Wenn Se wolln aso gutt sein! Da machen mersch gleiche, 's sein also elf Mark un dreißig Fennige.

Frau Motes. Ja, ja, Mutter Wolffen, wir kriegen Geld. Die Leute werden hier Augen machen!

Motes. Das riecht ja hier so nach Hasenbraten.

Frau Wolff. Dachhase vielleicht! Das is eher meeglich!

Motes. Wolln gleich mal nachschaun! *Er will den Deckel von der Kasserolle nehmen.*

Frau Wolf *verhindert ihn*. Toppgucken is nich!

Frau Motes, *die mißtrauisch beobachtet hat*. Mutter Wolffen, wir haben auch was gefunden.

Frau Wolff. Ich hab' nischt verloren.

Frau Motes. Da, sehn Se mal zu. *Sie zeigt ihr zwei Drahtschlingen.*

Frau Wolf, *ohne aus der Fassung zu geraten*. Das sein woll Schlingen?

Frau Motes. Die haben wir ganz in der Nähe gefunden. Kaum zwanzig Schritte von Ihrem Garten.

Frau Wolff. Ihr Kinder, was hier bloß gewilddiebt wird!

Frau Motes. Wenn Sie bloß aufpassen, Mutter Wolffen, da könn Se den Wilddieb richtig mal fassen.

Frau Wolff. I, solche Sachen gehn mich nischt an!

Motes. Wenn ich bloß so'n Halunken mal treffe, dem geb' ich zuerst 'n paar hinter die Ohren – dann bring' ich ihn unbarmherzig zur Anzeige.

Frau Motes. Frau Wolffen, haben Sie'n paar frische Eier?

Frau Wolff. Jetzt mitten im Winter? Die sind gar rar.

Motes, *zu Julius, der eben eintritt.* Förster Seidel hat wieder'n Wilddieb jefaßt. Wird morgen nach Moabit jebracht. Hat Schneid, der Kerl, das muß man sagen. Wenn ich bloß nicht das Malheur gehabt hätte, da könnt' ich heut Oberförster sein. Dann würd' ich die Hunde noch anders zwiebeln!

Frau Wolff. Das hat manch einer schon bießen missen!

Motes. Ja, wer sich fürchtet. Ich fürcht' mich nich! Ich hab' auch schon so'n paar denunziert. *Die Wolffen und ihren Mann abwechselnd scharf fixierend.* Und mit'n paar andern wart' ich bloß noch; die laufen mir auch noch in die Hände. Die Schlingenleger solln nur nich denken, daß ich se nich kenne. Ich kenn' sie genau!

Frau Motes. Haben Sie vielleicht gebacken, Frau Wolffen? Uns is das Bäckerbrot so zuwider.

Frau Wolff. Se wollten doch, denk' ich, de Rechnung ausgleichen.

Frau Motes. Ick sage Ihn ja, Sonnabend, Mutter Wolffen. Mein Mann ist doch Redakteur geworden von den Blättern für Jachd und Forstwirtschaft.

Frau Wolff. Na ja, da weeß ich schonn, was das heeßt.

Frau Motes. Na, was ich Ihn sache, Frau Wolffen. Wir sind ja von Krüger schon wegjezogen.

Frau Wolff. Ja, weil Se mußten, sind Se gezogen.

Frau Motes. Wir mußten? Du, Männe, hör doch mal! *Sie lacht gezwungen.* Frau Wolff sagt, wir ***mußten*** von Krüger fortziehen!

Motes, *rot vor Zorn.* Weshalb ich dort fortgezogen bin, das werden Sie schon noch mal erfahren. Der Mann ist'n Wucherer und Halsabschneider.

Frau Wolff. Das weeß ich nich. Dazu kann ich nischt sagen.

Motes. Ich warte nur, bis ich Beweise habe. Der soll sich vor mir nur ja in acht nehmen. Der und sein Busenfreund Dr. Fleischer. Der ganz besonders. Wenn ich bloß wollte: ein Wort genügte, da säß' der Mann hinter Schloß und Riegel. *Schon im Anfang seiner Rede hatte er sich zurückgezogen, bei den letzten Worten geht er hinaus. Ab.*

Frau Wolff. Die Männer han sich woll wieder gezankt?

Frau Motes, *scheinbar vertraulich.* Mit meinem Manne is nich zu spaßen. Wenn der sich was vornimmt, der läßt nicht locker. Er steht auch sehr gut mit'n Herrn Amtsvorsteher. – Wie is 's mit die Eier und mit dem Brot?

Frau Wolf, *widerwillig.* Na, finfe hab' ich grade noch liegen. Und a Sticke Brot. *Frau Motes packt die Eier und das halbe Brot in ihren Handkorb.* Sind Se nu zufrieden?

Frau Motes. Jewiß doch. Freilich. Jut sind doch die Eier?

Frau Wolff. So jut, wie se meine Hiehner jelegt haben.

Frau Motes, *hastig, um ihrem Mann nachzukommen.* Na, jute Nacht! Nächsten Sonnabend Jeld! *Ab.*

Frau Wolff. Ja doch, ja doch, 's is ja schonn gutt! *Schließt die Tür, spricht halblaut.* Macht, daß d'er nauskommt. Bei allen Leiten bloß nischt wie Schulden. *An der Kasserolle.* Was geht's bloß die an, was wir essen? Die solln doch in ihre Teppe gucken. Geh schlafen, Mädel.

Adelheid. Jute Nacht, Mama. *Gibt ihr einen Kuß.*

Frau Wolff. Na, jibste Papan keen Gutenachtkuß?

Adelheid. Jute Nacht, Papa. *Küßt ihn, er brummt; Adelheid ab.*

Frau Wolff. Das muß ma immer erscht extra sagen. *Pause.*

Julius. Was mußte die Leite all Eier jeben?

Frau Wolff. Ich soll mer den Kerl woll zum Feinde machen? Mach du d'r ock den zum Feinde, Julian. Ich sag' der, das is a gefährlicher Kerl. Der hat nischt zu tun wie a Leuten uffpassen. Komm, setz dich! Iß! Hier hast de 'ne Gabel. Von solchen Sachen verstehst de zu wenig. Paß lieber uff deine Sachen uff! De Schlingen legste gleich hinter a Garten! Das waren doch deine?

Julius, *geärgert.* Na, immerzu.

Frau Wolff. Daß der dämliche Motes se ooch gleich find't. Hier in der Nähe am Hause, verstehste, da legste mer keene Schlingen mehr. Womeeglich heeßt's dann, mir hab'n se gelegt.

Julius. Hör du bloß mit det Gequaßle uff. *Beide essen.*

Frau Wolff. Du, 's Holz is ooch alle, Julian.

Julius. Ick soll woll noch jehn bis in Hinterwinkel?

Frau Wolff. Am besten wärsch, mer machten's gleich ab.

Julius. Ick spüre de Knochen schon jar nich mehr. Mag jehn, wer will, det is mich eejal!

Frau Wolff. Ihr Männer habt immer a großes Maul, und wenn's derzu kommt, da kennt er nischt leisten. Ich arbeit' euch dreimal in a Sack un wieder raus, euch alle mitnander. Wenn de heite und de willst durchaus nich mehr raus, hilft alles nischt, Julian, morgen mußte. Wie is 's, sein die Klettereisen scharf?

Julius. Ick hebbe se Machnow Karin jeborgt.

Frau Wolff, *nach einer Pause.* Wenn du bloß nich aso feige wärscht! – Da hätt'n mer schonn schnell a paar Meter Holz! – Da braucht mer uns gar nich erscht so schinden. – Da braucht mer ooch gar nich erscht weit zu gehn.

Julius. Laß mir man essen 'n Happen, ja!

Frau Wolf *gibt ihm ein Kopfstück.* Nu sei bloß nich immer so miseldrähtig. Ich will amal gutt sein, paß amal uff! *Eine Flasche Schnaps hervorholend und zeigend.* Hier! Siehste, das hab' ich der mitgebracht. Nu machste ooch glei a freindlich Gesichte! *Gießt ihrem Manne ein Glas voll.*

Julius *trinkt; nachher.* Det is ... bei die Kälte – is det all – janz jut!

Frau Wolff. Na, siehste woll! Sorg' ich nu etwa fer dich?

Julius. Janz jut war det. Det war janz jut! *Er gießt sich aufs neue ein und trinkt.*

Frau Wolf, *nach einer Pause, Holz spaltend, dazwischen hier und da einen Bissen essend.* Der Wulkow – das is a rechter Halunke. A tutt doch immer, als wenn's 'n schlecht ginge.

Julius. Der soll man still sind – all – der – mit sein – – Handel. –

Frau Wolff. Du hast doch geheert, mit dem Biberpelz.

Julius. Ick hebb' – nischt jehört all.

Frau Wolf, *gezwungen leichthin.* 's Mädel erzählte doch von d'r Frau Kriegern, se hat doch'm Krieger an Pelz geschenkt.

Julius. Die Leite – hebben's ja, det ...

Frau Wolff. Na ja, da meente doch Wulkow ... Du hast's doch geheert! Wenn a so an Pelz amal kriegen kennte, da wollt' a gleich sechszig Taler geben.

Julius. Der soll sich – all selber de Finger verbrenn.

Frau Wolf, *nach einer Pause, ihrem Manne eingießend.* I, trink man noch eenen!

Julius. Denn immer ... immerzu – all – wat ... *Frau Wolff holt ein Oktavbüchelchen hervor und blättert darin.* Wie viel hebben wir denn seit Juli verdrübert?

Frau Wolff. Halt dreißig Taler sein abgezahlt.

Julius. Denn bleiben noch all – all ...?

Frau Wolff. Sein immer noch sibzig. Ma kommt halt uff die Art gar nich recht weiter. So fufzig – sechzig Taler uff eemal, wenn ma die uff eemal so hinleg'n kennte. Da wär' doch d'r Grund und Boden bezahlt. Da könnt' ma so hundert bis zwee wieder uffnehmen und vielleicht a paar hibsche Stub'n uffbaun. An Sommergast kenn mer doch so nich uffnehmen: und Sommergäste, die bringen's hauptsächlich.

Julius. Na, immerzu – all –

Frau Wolf, *resolut.* Du bist a zu langsamer Mensch, Julian. Hätt'st du woll das Grundstick gekooft, hä? Nu? Und wenn mersch jetzt wieder wollten verkoofen, da könnt mer schonn's Doppelte kriegen. Ich hab' ne ganz andere Temperatur. Wenn du bloß meine Temperatur hätt'st ...

Julius. Ick arbeete doch – wat nützt denn det alles!

Frau Wolff. Mit dem bissel Arbeiten wirschte weit komm.

Julius. Ick kann doch nich stehlen. Ick soll woll – all rinfallen.

Frau Wolff. De bist eben tumm und mußt ooch tumm bleiben. Hier hat kee Mensch von stehln gered't. Wer halt nich wagt, der gewinnt ooch nich. Und wenn de erscht reich bist, Julian, und kannst in der Eklipage sitzen, da fragt dich kee Mensch nich, wo de's her hast. Ja, wenn ma's von armen Leiten nähme! Aber wenn mer nu wirklich – und gingen zu Kriegern und lad'ten de zwee Meter Holz uff a Schlitten und stellten se drum'n bei uns in a Schuppen, da sein die Leite noch lange nich ärmer.

Julius. Holz? Wat soll det nu widder sin – mit det Holz?

Frau Wolff. Du bekimmerscht dich eben reene um gar nischt. Deine Tochter, die kann ma zu Tode schinden. Holz hat se solln reinräumen, abens um zehne, un deswegen is se davongeloofen. Aso was läßt du d'r ruhig gefalln. Womeeglich gibbste dem Kinde Kallasche und jagst se noch zu da Leiten zuricke.

Julius. Jewiß doch! –Tu' ick! – Det sollt' mir infalln ...

Frau Wolff. Bei so was muß immer 'ne Strafe sein. Wer mich haut, Sprech' ich, den hau' ich wieder –

Julius. Na, hebb'n se all det Mächen jehaut?

Frau Wolff. Na, wenn se is fortgeloofen, Julian?! Nee, nee, mit dir is nischt anzufang'n. Nu liegt das Holz uff d'r Gasse draußen. Na, wenn ich nu sagte, mer wolln gehn, schind'st du meine Kinder, da nehm' ich dei Holz – du wärscht mer a scheenes Gesichte schneiden.

Julius. Det will ick man ja nich ... Wat ick mir vor koofe. Ick kann ooch all mehr wie Brot essen. I, ick will mir – det ausjebeten hebb'n, det so wat ... det Schlagen nich mehr vorkommt.

Frau Wolff. Nu rede nich erscht und hol deine Strippe. Zeig lieber a Leiten, daß de Krien hast. In eener Stunde is alles gemacht. Dann gehn mer schlafen, und damit gutt. Und morgen brauchste nich in a Wald, da hab'n mer Holz, mehr wie mer brauchen.

Julius. Na, wenn et rauskommt, mir is et eenjal.

Frau Wolff. Warum nich gar! Weck bloß nich de Mädel.

Mitteldorf, *von außen*. Frau Wolffen, Frau Wolffen, sind Se noch wach?

Frau Wolff. Na freilich, Mitteldorf, komm Se ock rein! *Sie öffnet die Tür.*

Mitteldorf. *tritt ein, im abgetragenen Dienstanzug und Überzieher. Sein Gesicht hat etwas Mephistophelisches. Seine Nase zeigt alkoholische Rötung. Er ist in seinem Auftreten sanft, fast schüchtern. Er spricht langsam und schleppend und ohne eine Miene zu verziehen.* Ju'n Abend, Frau Wolffn.

Frau Wolff. Gu'n Nacht, wolln Se woll sagen.

Mitteldorf. Ick bin schon vorhin mal hier jewesen. Erst war es mir so: ick sähe Licht, denn war et mit eenmal jänzlich dunkel, 't hat mir ooch keener weiter jeantwort't. Nu hab' ick et aber janz deitlich jesehn, dat diesmal Licht wa, un da komm' ick noch ma.

Frau Wolff. Was bringen Se mir denn nu, Mitteldorf?

Mitteldorf. *hat sich gesetzt, sinnt eine Weile und spricht dann.* Deswegen bin ick ja herjekomm. Ick habe was von de Frau Amtsvorsteher.

Frau Wolff. Ich soll woll waschen kommen, hä?

Mitteldorf *zieht die Augenbrauen nachdenklich herauf, spricht dann.* Jawoll!

Frau Wolff. Wenn d'n da?

Mitteldorf. – Morjen. – Morjen früh. –

Frau Wolff. Das sagen Se mer in der Nacht um zwölwe?

Mitteldorf. Et is morjen Waschdach bei de Frau Vorsteher.

Frau Wolff. Das muß ma doch a paar Tage vorher wissen.

Mitteldorf. Jewiß doch. Machen Se man keen Lärm. Ick hab' et mal wieder verjessen jehabt. Mir jeht so ville in Kopp herum, det ick eemal so wat zu leicht verschwitze.

Frau Wolff. Na, Mitteldorf, da wer ich's schon einrichten. Mir stehn ja uff gutem Fuße mitnander. Sie hab'n aso schonn genung uff'm Puckel mit Ihren elf Kindern zu Hause, gelt? Was brauchen Sie sich noch schlechtmachen lassen!

Mitteldorf. Wenn Se morjen nich komm, Mutter Wolffen, denn jeht et mir madich schlecht morjen früh.

Frau Wolff. Ich wer schon komm'm, lassen Se's gutt sein. Da, trinken S' amal! Ma kann's gebrauchen. *Sie gibt ihm Grog.* Ich hatte noch grade a bissel heeß Wasser. Mir gehn nämlich heite noch uff de Reise. Nach fetten Gänsen nieber uff Treptow. Am Tage hat ma doch keene Zeit, 's is doch nu eemal nich andersch bei uns. A Armes schind't sich halt Tag und Nacht. A Reiches liegt derfire im Bette.

Mitteldorf.. Ick bin jekündigt, wissen Se schon? Der Amtsvorsteher hat mir jekündigt. Ick bin nich scharf jenug uff de Leute.

Frau Wolff. Da soll eens woll sein wie a Kettenhund?

Mitteldorf.. Ick jinge am liebsten ja nich zu Hause; denn wenn ick komme, denn jibt et Zank. Denn weeß ick mir nich ze retten vor Vorwürfe.

Frau Wolff. I, halten Se sich de Ohren zu!

Mitteldorf.. Nu jeht man mal'n bißken int Wirtshaus, det de Sorjen een nich janz unterkriejen: det soll man nu ooch nich. Ja nischt soll man! Nu hab' ick heute wieder jesessen, 't hat all eener uffjelegt 'n Fäßchen –

Frau Wolff. Sie warn sich doch vor an Weibe nich ferchten. Wenn se halt schimpft, denn schimpfen Se wieder, und wenn se haut, denn haun Se wieder. Nu komm Se mal her, Sie sind länger wie mir. Nu lang Se amal das Kupsel da runter. Du, Julian, mach der a Schlitten zurecht. *Julius ab.* Wie ofte soll ich d'r das d'n sag'n. *Mitteldorf holt von einem hohen Wandbrett Strippen und Zugstricke herunter.* A großen Schlitten machste zerechte. De Strippen geben Se ooch gleich runter.

Julius, *von außen*. Ick kann nich sehn.

Frau Wolff. Was kannste nich?

Julius *erscheint in der Tür*. Ich kann den Schlitten alleene nich rauskriejen. Et liecht ja drunter und drüber allens. Un ohne Licht jeht et nu schon ja nich.

Frau Wolff. Du weeßt d'r nu eemal schonn keen Rat. *Sie schlingt sich hastig Brust- und Kopftuch um.* Na wart ock, ick wer der helfen komm. Dort die Laterne, Mitteldorf! *Mitteldorf nimmt mühsam eine Laterne herunter und gibt sie Frau Wolff.* So, dank' scheen! *Sie steckt das Licht in die Laterne.* Das steck mer hier rein, und nu kenn mer gehn. Jetzt wer ich der helfen a Schlitten rausziehn. *Sie geht mit der Laterne voran. Mitteldorf folgt. In der Tür wendet sie sich und übergibt Mitteldorf die Laterne.* Sie kenn uns a bissel leichten d'rzu!

Mitteldorf, *leuchtend und vor sich hinsingend, ab.* Morgenro-ot, Morgenro-ot ...

Zweiter Akt

Amtszimmer beim Amtsvorsteher von Wehrhahn: großer, weißgetünchter, kahler Raum mit drei Fenstern in der Hinterwand. In der linken Wand die Eingangstür. An der Wand rechts der lange Amtstisch mit Büchern, Akten usw. belegt; hinter ihm der Stuhl für den Amtsvorsteher. Am Mittelfenster Tisch und Stuhl für den Schreiber. Ein Schrank aus weichem Holz vorn rechts, dem Amtsvorsteher, wenn er auf dem Stuhle sitzt, zur Hand, enthält die Bücher. Aktenregale verkleiden die Linkswand. Sechs Stühle stehen ganz vorn, von der Linkswand an in einer Reihe. Man sieht die eventuell Daraufsitzenden von rückwärts. – Es ist ein heller Wintervormittag. Der Schreiber Glasenapp sitzt kritzelnd auf seinem Platz. Er ist eine dürftige, bebrillte Persönlichkeit. Amtsvorsteher von Wehrhahn, ein Aktenfaszikel unterm Arm, tritt schnell ein. Wehrhahn ist gegen vierzig Jahre alt und trägt ein Monokel. Er macht den Eindruck eines Land Junkers. Seine Amtstracht besteht aus einem schwarzen, zugeknöpften Gehrock und hohen, über die Beinkleider gezogenen Schaftstiefeln. Er spricht nahezu im Fistelton und befleißigt sich militärischer Kürze im Ausdruck.

Wehrhahn, *nebenhin, wie ein Überbürdeter.* Mojen!

Glasenapp, *steht auf.* Jehorsamer Diener, Herr Amtsvorsteher.

Wehrhahn. Was vorjefalln, Glasenapp?

Glasenapp, *stehend in Papieren blätternd.* Habe zu melden, Herr Amtsvorsteher – da war zuerst ... ja! Der Jastwirt Fiebig. Er bittet um die Erlaubnis, Herr Vorsteher, am nächsten Sonntag Tanzmusik abhalten zu dürfen.

Wehrhahn. Ist das nicht ... sagen Sie doch mal: Fiebig? hat einer doch neulich den Saal herjejeben ...?

Glasenapp. Für die Freisinnigen. Zu Befehl, Herr Baron!

Wehrhahn. Derselbe Fiebig?

Glasenapp. Jawohl, Herr Baron!

Wehrhahn. Dem wolln wir mal bißchen Kandare anlegen!

Amtsdiener Mitteldorf tritt ein.

Mitteldorf. Jehorsamer Diener, Herr Baron!

Wehrhahn. Hören Sie mal: ein für allemal – im Dienste bin ich der Amtsvorsteher.

Mitteldorf. Jawohl. Zu Befehl, Herr Bar – Herr Amtsvorsteher, wollt' ich sagen.

Wehrhahn. Nun merken Sie sich das endlich mal: daß ich Baron bin, ist Nebensache. Kommt hier wenigstens gar nicht in Betracht. *Zu Glasenapp.* Nun bitte, ich möchte weiterhören. War denn der Schriftsteller Motes nicht da?

Glasenapp. Jawohl, Herr Amtsvorsteher.

Wehrhahn. So. War also da? Da bin ich doch außerordentlich neugierig. Er wollte doch hoffentlich wiederkommen?

Glasenapp. So gegen halb zwölwe will er wieder hier sein.

Wehrhahn. Hat er Ihnen vielleicht was gesagt, Glasenapp?

Glasenapp. Er kam in Sachen des Dr. Fleischer.

Wehrhahn. Nun sagen Sie doch mal, Glasenapp, ist Ihnen der Dr. Fleischer bekannt?

Glasenapp. Ich weiß nur: er wohnt in der Villa Krüger.

Wehrhahn. Wie lange ist der Mann schon am Ort?

Glasenapp. Zu Michaeli bin ich gekommen.

Wehrhahn. Na ja, Sie kamen mit mir zugleich, ich bin jetzt zirka vier Monate hier.

Glasenapp, *mit einem Blick auf Mitteldorf*. Ich denke, der Mann muß zwei Jahre hier sein.

Wehrhahn, *zu Mitteldorf*. Sie können ja wohl keine Auskunft geben.

Mitteldorf. Zu dienen – Michaeli vorm Jahr.

Wehrhahn. Wie? Ist der Mann da hierhergezogen?

Mitteldorf. Zu dienen – von Berlin, Herr ... Herr Amtsvorsteher.

Wehrhahn. Ist Ihnen der Mensch vielleicht näher bekannt?

Mitteldorf. Ich weiß bloß, een Bruder is Theaterkassier.

Wehrhahn. Ich habe ja nicht nach dem Bruder gefragt. Was treibt der Mann? – Was tut er? Was ist er?

Mitteldorf. Da kann ich nu ooch nischt Genaues sachen. Bloß det er krank is, det sachen de Leute. Er leidet ja wohl an de Zuckerkrankheit.

Wehrhahn. An was der Mann leidet, is mir egal. Der kann Sirup schwitzen, wenn's ihm Spaß macht. – Was ist er?

Glasenapp *zuckt die Achseln*. Er nennt sich Provatjelehrter.

Wehrhahn. Pri! Pri! nicht Pro – Privatgelehrter.

Glasenapp. Der Buchbinder Hugk hat Bücher von ihm. Er läßt alle Woche welche einbinden.

Wehrhahn. Ich möchte mal sehn, was der Mann so liest.

Glasenapp. Der Briefträger meint, er hält zwanzig Zeitungen. Auch demokratische sind mit drunter.

Wehrhahn. Sie können mir Hugk mal hierherbestellen.

Glasenapp. Jleich?

Wehrhahn. Bei Jelegenheit. Morjen, übermorjen. Er mag mal so'n paar Bücher mitbringen. *Zu Mitteldorf.* Sie scheinen den janzen Tach zu schlafen – oder hat der Mann vielleicht gute Zigarren?

Mitteldorf. Herr Vorsteher ...!

Wehrhahn. Na, das lassen Sie man. Ich sehe mir meine Leute schon an. Das hat mein Herr Vorgänger so einreißen lassen. Allmählich wird das schon anders werden. – Für eine Polizeiperson ist es schmählich, sich von irgendwem regalieren zu lassen. Ihnen selbstverständlich böhmische Berge. *Zu Glasenapp*. Hat Motes nicht etwas Bestimmtes jesagt?

Glasenapp. Bestimmtes hat er mir nicht gesagt. Er meinte, der Herr Vorsteher wüßte schon ...

Wehrhahn. Das heißt: ich weiß nur ganz Allgemeines. Ich hatte den Mann ja schon längst im Auge. Ich meine natürlich den Dr. Fleischer. Herr Motes hat es mir nur bestätigt, daß ich den Patron ganz richtig erkannt habe. – Was hat denn Motes so für einen Leumund? *Glasenapp und Mitteldorf sehen einander an. Glasenapp zuckt die Achseln*. Pumpt sich wohl rum, was?

Glasenapp. Er sagt ja, er hat seine Pension.

Wehrhahn. Pension?

Glasenapp. Er hat doch'n Schuß ins Auge bekommen.

Wehrhahn. Wär' also so 'ne Art Schmerzensjeld.

Glasenapp. Se werden verzeihen, Herr Amtsvorsteher. Ick jloobe, der Mann hat mehr die Schmerzen. Von Geld hat noch keener bei dem was bemerkt.

Wehrhahn, *belustigt*. Ist sonst eine Sache von Bedeutung?

Glasenapp. Nur Kleinigkeiten, Herr Amtsvorsteher, 'ne Dienstabmeldung –

Wehrhahn. Schon gut, schon gut. Haben Sie vielleicht mal was läuten hören, daß Fleischer die Zunge nicht recht im Zaum hält?

Glasenapp. Nicht daß ich grade im Augenblick wüßte.

Wehrhahn. Man hat mir das nämlich hinterbracht. Er führe ungesetzliche Reden auf alle möglichen hohen Personen. Es wird sich ja übrigens alles zeigen. Nun wollen wir doch an die Arbeit jehn. Ja, Mitteldorf, haben Sie etwa noch was?

Mitteldorf. Es soll heut nacht 'n Diebstahl verübt sein.

Wehrhahn. 'n Diebstahl? Wo?

Mitteldorf. In der Villa Krüger.

Wehrhahn. Was ist denn gestohlen?

Mitteldorf. Knüppelholz.

Wehrhahn. In der letztvergangenen Nacht, oder wann?

Mitteldorf. Vergangene Nacht.

Wehrhahn. Von wem haben Sie's denn?

Mitteldorf. Ich hab' es ...

Wehrhahn. Na, also, von wem denn?

Mitteldorf. Ich hab' es ... ich hab' es von Herr Fleischer jehört.

Wehrhahn. So! Mit dem Mann unterhalten Sie sich ...?

Mitteldorf. Herr Krüjer hat es auch selber erzählt.

Wehrhahn. Der Mann ist der reine Querulant. Der Mann schreibt mir wöchentlich drei Briefe. Bald hat man ihn übers Ohr gehauen, bald hat man ihm seinen Zaun zerbrochen, bald hat man ihm seine Grenze verrückt. Nur Scherereien auf Scherereien.

Motes *tritt ein. Er lacht im Reden fast fortwährend nervös.* Jehorsamer Diener, Herr Amtsvorsteher.

Wehrhahn. Da sind Sie ja. Freut mich, daß Sie kommen. Da können Sie mir vielleicht gleich mal sagen: bei Krüger soll ja jestohlen sein?

Motes. Ich wohne nicht mehr in der Villa Krüger.

Wehrhahn. Und haben auch sonst nichts jehört, Herr Motes?

Motes. Jehört hab' ich wohl, aber nichts Jenaues. Als ich jetzt bei der Villa vorüberkam, da suchten sie beide die Spuren im Schnee.

Wehrhahn. So? Dr. Fleischer ist ihm behülflich – da sind sie wohl ziemlich dick befreundet?

Motes. Ein Herz und eine Seele, Herr Vorsteher.

Wehrhahn. Ja, was nun den Fleischer anbelangt – das interessiert mich vor allen Dingen. Bitte, setzen Sie sich. – Ich kann Ihnen sagen, ich habe die halbe Nacht nicht jeschlafen. Die Sache hat mich nicht schlafen lassen. Sie haben mir da einen Brief geschrieben, der mich außerordentlich aufgeregt hat. – Das ist nun freilich Sache der Anlage. Meinen Vorgänger würde das nicht gestört haben.– Ich meinesteils habe mich fest entschlossen, was man so sagt, durch- und durchzudrücken. Meine Aufgabe hier ist: mustern und säubern. – Was hat sich im Schutze meines Herrn Vorgängers nicht alles für Kehricht hier angesammelt! Dunkle Existenzen, politisch verfemte, reichs- und königsfeindliche Elemente. Die Leute sollen zu stöhnen bekommen. – Nun also, Herr Motes, Sie sind Schriftsteller?

Motes. Für forst- und jagdliche Sachen, jawohl.

Wehrhahn. Da schreiben Sie so in Forst- und Jagdzeitungen? Apropos: und können Sie denn davon leben?

Motes. Wenn man eingeführt is wie ich, Herr Baron. Ich hab' Jott sei Dank mein schönes Auskommen.

Wehrhahn. Sie sind ein gelernter Forstmann, wie?

Motes. Ich war auf Akademie, Herr Vorsteher. In Eberswalde hab' ich studiert. Kurz vor dem Examen betraf mich das Unglück ...

Wehrhahn. Ach ja, Sie tragen ja eine Binde.

Motes. Ich verlor ein Auge auf Jachd, Herr Baron. Ich bekam ein Schrotkorn ins rechte Auge, von wem, war leider nicht zu ermitteln. Da mußte ich denn die Karriere aufgeben.

Wehrhahn. Also Pension bekommen Sie nicht?

Motes. Nein. Ich habe mich nun auch so ziemlich durchgefressen. Mein Name ist doch nun schon ziemlich genannt.

Wehrhahn. Hm. – Ist Ihnen vielleicht mein Schwager bekannt?

Motes. Herr Oberförster von Wachsmann, jawohl. Ich korrespondiere viel mit ihm, und außerdem sind wir Vereinsgenossen: Verein zur Züchtung von Vorstehhunden.

Wehrhahn, *einigermaßen aufatmend*. So! sind Sie also mit ihm bekannt?! Das ist mir ja angenehm zu hören. Das erleichtert die Sache ja wesentlich und begründet das gegenseitige Vertrauen. Da hindert uns ja nun nichts mehr, Herr Motes. – Sie schrieben mir also in Ihrem Briefe, Sie hätten Gelegenheit gehabt, den Dr. Fleischer zu beobachten. Erzählen Sie doch mal, was Sie wissen.

Motes *räuspert sich*. Als ich ... als ich vor einem Jahre zirka die Villa Krüger bezog, Herr Baron, da hatte ich keine Ahnung davon, mit wem ich zusammengeraten würde.

Wehrhahn. Sie kannten weder Krüger noch Fleischer?

Motes. Nein, wie das so ist – in einem Hause. Ich konnte mich nicht so recht zurückziehen.

Wehrhahn. Was kamen denn da so für Leute ins Haus?

Motes, *mit bezeichnender Handbewegung*. Ach!

Wehrhahn. Ich verstehe.

Motes. Krethi und Plethi. Demokraten.

Wehrhahn. Gab es regelmäßig Zusammenkünfte?

Motes. Alldonnerstäglich, soviel ich weiß.

Wehrhahn. Da wollen wir doch mal ein Augenmerk drauf haben. – Verkehren Sie jetzt nicht mehr mit den Leuten?

Motes. Es war mir zuletzt nicht mehr möglich, Herr Vorsteher.

Wehrhahn. Es war Ihnen widerwärtig, was?

Motes. Es war mir gänzlich zuwider geworden.

Wehrhahn. Das ganze ungesetzliche Wesen, das freche Gespött über hohe Personen, das konnten Sie alles zuletzt nicht mehr anhören?

Motes. Ich blieb, weil ich dachte, wer weiß, wozu's gut ist.

Wehrhahn. Aber endlich haben Sie doch jekündigt?

Motes. Ich bin jezogen, jawohl, Herr Baron.

Wehrhahn. Und endlich haben Sie sich entschlossen ...

Motes. Ich habe es für meine Pflicht gehalten.

Wehrhahn. ... die Behörde davon zu unterrichten. – Das finde ich sehr ehrenwert von Ihnen. – Er hat also so ein Wort gesagt – wir werden ja später protokollieren –, auf eine Persönlichkeit bezüglich, die uns allen ehrfurchtgebietend hochsteht.

Motes. Jewiß, Herr Baron, das hat er jesagt.

Wehrhahn. Das würden Sie eventuell beeiden?

Motes. Das würde ich eventuell beeiden.

Wehrhahn. Sie würden es auch beeiden müssen.

Motes. Jawohl, Herr Baron.

Wehrhahn. Das beste wäre ja allerdings, wir könnten noch einen Zeugen bekommen.

Motes. Ich müßte mich umsehen, Herr Baron. Nur wirft der Mann so mit Geld herum, daß ...

Wehrhahn. Ach, warten Sie mal, da kommt schon der Krüger. Ich will doch den Mann lieber vorher abfertigen. Ich bin Ihnen jedenfalls sehr dankbar, daß Sie mich so tatkräftig unterstützen. Man ist darauf geradezu angewiesen, wenn man heutzutage was ausrichten will.

Krüger *tritt hastig und erregt ein*. Ach Chott! Ach Chott! Chuten Tag, Herr Vorsteher.

Wehrhahn, *zu Motes*. Entschuldigen Sie einen Augenblick! *Hochmütig inquirierend zu Krüger*. Was wünschen Sie denn?

Krüger *ist ein kleiner, etwas schwerhöriger, fast siebzigjähriger Mann. Er geht schon etwas gebückt, mit der linken Schulter ein wenig geneigt, ist aber im übrigen noch sehr rüstig und unterstützt seine Worte mit heftigen Handbewegungen. Er trägt eine Pelzmütze, die er im Amtslokale in der Hand behält, einen braunen Winterüberzieher, um den Hals einen dicken Wollschal.*

Krüger, *mit Ärger geladen, platzt heraus*. Pestohlen bin ich, Herr Amtsvorsteher. *Er wischt sich, verschnaufend, mit dem Taschentuch den Schweiß von der Stirn und sieht dem Vorsteher nach Art der Schwerhörigen starr auf den Mund.*

Wehrhahn. Bestohlen? Hm!

Krüger, *schon gereizt*. Jawohl, bestohlen. Ich bin bestohlen. Man hat mir zwei Meter Holz entwendet.

Wehrhahn, *mit halbem Lächeln bei den Anwesenden umblickend, leichthin*. Es ist doch sonst in der letzten Zeit hier nicht das jeringste vorjekommen.

Krüger, *die Hand am Ohr*. Was? Nicht das keringste. Du lieber Chott! Dann steh' ich vielleicht zum Spaße hier?

Wehrhahn. Sie brauchen deswegen nicht ausfällig zu werden. Wie heißen Sie übrigens?

Krüger *stutzt*. Wie ich heiße?

Wehrhahn. Ja, wie Sie heißen?

Krüger. Ist Ihnen mein Name noch nicht bekannt? Ich denke, wir hatten schon das Vergnügen.

Wehrhahn. Bedaure. Ich wüßte mich kaum zu erinnern. Das wäre schließlich hier auch ganz gleichgültig.

Krüger, *resigniert*. Ich heiße Krüger.

Wehrhahn. Rentier vielleicht?

Krüger, *heftig, ironisch, überstürzt*. Jawohl. Rentier und Hausbesitzer.

Wehrhahn. Ich bitte, legitimieren Sie sich.

Krüger. Leg ... legitimieren? Krüger heiß' ich. Da wollen wir doch nicht erst Umstände machen. Ich wohne seit dreißig Jahren hier. Mich kennt ja ein jedes Kind auf der Straße.

Wehrhahn. Wie lange Sie hier sind, geht mich nichts an. Ihre Identität will ich hier nur feststellen. Ist Ihnen der – Herr bekannt, Herr Motes? *Motes erhebt sich halb mit einem bösen Gesicht.* Ach so, ich verstehe. Bitte, setzen Sie sich. Nun also, Glasenapp?

Glasenapp. Ja! Zu dienen. Es ist der Herr Rentier Krüger von hier. – –

Wehrhahn. Gut. – Holz ist Ihnen also gestohlen?

Krüger. Ja. Holz. Zwei Meter kieferne Knüppel.

Wehrhahn. Haben Sie das Holz im Schuppen gehabt?

Krüger, *wieder heftig werdend*. Das ist wieder eine Sache für sich. Das ist eine kanz besondere Klage.

Wehrhahn, *ironisch und flüchtig zu den andern hinüberlachend, leichthin*. Schon wieder eine?

Krüger. Was meinen Sie?

Wehrhahn. Nichts. Reden Sie nur gefälligst weiter. Das Holz war also wohl nicht im Schuppen?

Krüger. Das Holz war im Karten. Das heißt: vor dem Karten.

Wehrhahn. Mit andern Worten: es lag auf der Straße?

Krüger. Es lag vor dem Karten auf meinem Grundstück.

Wehrhahn. Daß jeder ohne weiteres dazukonnte?

Krüger. Und das ist eben die Schuld des Tienstmädchens. Sie sollte das Holz am Abend hereinräumen.

Wehrhahn. Da hat sie's verschwitzt?

Krüger. Sie hat sich keweigert. Und als ich weiter darauf bestand, da ist sie mir schließlich davongelaufen. Nun werd' ich dafür die Eltern verklagen. Ich peanspruche vollen Schadenersatz.

Wehrhahn. Das halten Sie immerhin, wie Sie wollen. Aber helfen wird es wohl nicht viel. – Ist Ihnen nun irgend jemand verdächtig?

Krüger. Nein. Hier ist ja alles verstohlenes Pack.

Wehrhahn. Vermeiden Sie, bitte, das Verallgemeinern. – Sie müssen mir doch etwas an die Hand geben.

Krüger. Ich werde doch nicht einen Menschen beschuldigen auf jutes Glück.

Wehrhahn. Wer wohnt außer Ihnen in Ihrem Hause?

Krüger. Herr Dr. Fleischer.

Wehrhahn, *gleichsam nachsinnend*. Dr. Fleischer? Dr. Fleischer? Der Mann ist –? was?

Krüger. Ist krundgelehrt. Ein krundgelehrter Mann, jawohl.

Wehrhahn. Sie beide sind sehr intim miteinander?

Krüger. Mit wem ich intim bin, ist meine Sache. Das kehört auch kar nicht hierher, wie mich dünkt.

Wehrhahn. Wie soll man schließlich da etwas ermitteln? Sie müssen mir doch einen Fingerzeig geben.

Krüger. Ich muß? Du lieber Chott ja! Ich muß? Mir werden zwei Meter Holz kestohlen. Ich komme den Tiebstahl einfach anzeigen …

Wehrhahn. Sie müssen doch eine Vermutung haben. Das Holz muß doch jemand gestohlen haben.

Krüger. Wa –? Ja – ich nicht! Ich chanz kewiß nicht.

Wehrhahn. Aber, lieber Mann …

Krüger. Wa –? Ich heiße Herr Krüger.

Wehrhahn, *einlenkend, scheinbar gelangweilt*. Ä! – Na, Glasenapp, protokollieren Sie also. – Was ist denn nun mit dem Mädchen, Herr Krüger? Das Mädchen ist Ihnen fortgelaufen?

Krüger. Ja, chanz kewiß – zu den Eltern zurück!

Wehrhahn. Sind die Eltern am Ort?

Krüger. Was für ein Wort?

Wehrhahn. Ob die Eltern des Mädchens hier am Ort sind?

Glasenapp. Es ist die Tochter der Waschfrau Wolffen.

Wehrhahn. Der Wolffen, die heute bei uns wäscht, Glasenapp?

Glasenapp. Zu befehlen, Herr Vorsteher.

Wehrhahn, *kopfschüttelnd*. Äußerst merkwürdig! – Diese fleißige, ehrenhafte Person. *Zu Krüger*. Verhält es sich so? Die Tochter der Wolffen?

Krüger. Es ist die Tochter der Waschfrau Wolff.

Wehrhahn. Und ist das Mädchen zurückgekommen?

Krüger. Bis heute noch nicht zurückgekommen.

Wehrhahn. Dann wollen wir doch mal die Wolffen rufen. He, Mitteldorf! Sie sind wohl sehr müde? Na, gehen Sie mal rüber über den Hof. Die Wolffen soll gleich mal zu mir kommen. Ich bitte, setzen Sie sich, Herr Krüger.

Krüger, *Platz nehmend, seufzt*. Ach Chott, ach Chott, das ist so ein Leben!

Wehrhahn, *halblaut zu Motes und Glasenapp*. Ich bin doch neugierig, was da herauskommt. Da muß irgend etwas nicht ganz stimmen. Ich halte nämlich sehr viel von der Wolffen. Das Weibsbild arbeitet wie vier Männer. Meine Frau sagt, wenn die Wolffen nicht kommt, so braucht sie statt ihrer zwei Frauen zum Waschen. – Sie hat auch gar nicht üble Ansichten.

Motes. Ihre Töchter sollen zur Oper gehen ...

Wehrhahn. Na ja, da mag wohl 'ne Schraube los sein. Ist aber doch kein Charakterfehler. Was haben Sie denn da hängen, Herr Motes?

Motes. Drahtschlingen. Ich bring' sie dem Förster Seidel.

Wehrhahn. Ach, zeigen Sie doch mal her so'n Ding. *Er hält eine und betrachtet sie nahe*. Da muß so'n Stück Wild nun so langsam erwürgen.

Die Wolffen tritt ein, hinter ihr Mitteldorf. Sie trocknet sich noch die vom Waschen nassen Hände.

Frau Wolf, *unbefangen, heiter, mit einem flüchtigen Blick auf die Drahtschlingen*. Hier bin ich! Was hat's nu Was gibbt's mit der Wolffen?

Wehrhahn. Frau Wolff, ist Ihnen der Herr bekannt?

Frau Wolff. Na, welcher Herr d'n? *Mit dem Finger auf Krüger weisend.* Der hier? Das is Herr Krieger. Den wer ich woll etwa kenn, nich wahr? Guten Morgen, Herr Krieger.

Wehrhahn. Ihre Tochter ist bei Herrn Krüger im Dienst?

Frau Wolff. Wer? Meine Tochter? Jawoll! Leontine. *Zu Krüger.* Das heeßt: se is Ihn ja fortgeloofen.

Krüger, *wütend*. Ja, allerdings!

Wehrhahn, *unterbrechend*. Ach, warten Sie mal.

Frau Wolff. Was habt er'n da eenklich mitnander gehabt?

Wehrhahn. Frau Wolffen, hören Sie mal auf mich. Ihre Tochter muß gleich in den Dienst zurückjehen.

Frau Wolff. I, nee, mer behalten se jetzt zu Hause.

Wehrhahn. Das geht nich so einfach, wie Sie denken. Herr Krüger hat nötigenfalls das Recht, polizeiliche Hilfe anzurufen. Dann müßten wir Ihre Tochter zurückbringen.

Frau Wolff. Mei Mann hat sich's halt in a Kopp gesetzt. Er will se halt eemal durchaus nich mehr fortlassen. Un wenn sich mei Mann amal was in a Kopp setzt ... Ihr Männer seid halt zu schrecklich jähzornig.

Wehrhahn. Nu lassen Sie das mal gut sein, Frau Wolffen. Ihre Tochter ist seit wie lange zu Hause?

Frau Wolff. Seit gestern abend.

Wehrhahn. Schön. Seit gestern. Sie hat sollen Holz in den Schuppen räumen und hat sich geweigert.

Frau Wolff. Wärsch doch! Geweigert! Das Mädel weigert Ihn keene Arbeit. Das hätt' ich dem Mädel ooch wolln anstreichen!

Wehrhahn. Sie haben jehört, was Frau Wolff jesagt hat.

Frau Wolff. Das Mädel is immer willig gewesen. Wenn die mir hätt' eemal'n Handgriff verweigert ...

Krüger. Sie hat sich keweigert, das Holz reinzutragen.

Frau Wolff. Ja, Holz reinschleppen, de Nacht um halb elwe, wer das von so an Kinde verlangt – –

Wehrhahn. Das Wesentliche ist nun, Frau Wolffen: das Holz ist draußen liegengeblieben, und diese Nacht ist es gestohlen worden. Nun will ...

Krüger *hält sich nicht mehr*. Sie werden tas Holz ersetzen, Frau Wolff.

Wehrhahn. Das wird sich ja finden, warten Sie doch.

Krüger. Sie werden's mir Heller bei Pfennig ersetzen.

Frau Wolff. I, ja doch! Das wär' ane neie Mode! Hab' ich Ihn vielleicht Ihr Holz gestohlen?

Wehrhahn. Na, lassen Sie sich mal den Mann erst beruhigen.

Frau Wolff. I, wenn mir Herr Krieger erst aso kommt, mit Holz bezahlen und solchen Sachen, da hat a bei mir kee Glicke nich. Ich bin zu a Leiten gewiß immer freindlich. Da kann sich kee Mensch ieber mich beklagen. Aber wenn's amal muß sein, warum denn nich? Da red' ich halt ooch amal frisch von der Leber. Ich tu' meine Pflicht, und damit is 's gutt. Da kann mir keener im Dorfe was nachsagen. Uff'm Koppe rumtrampeln ***lass' ich mir nich!***

Wehrhahn. Ereifern Sie sich nur nicht, Frau Wolff. Sie haben durchaus keinen Grund dazu. Bleiben Sie nur immer ruhig, ganz ruhig. Sie sind uns ja nicht mehr unbekannt. Daß Sie fleißig sind und ehrenhaft, das wird Ihnen wohl kein Mensch bestreiten. Was haben Sie also dagegen zu sagen?

Krüger. Die Frau kann kar nichts dagegen sagen!

Frau Wolff. Na nu, ihr Leute, nu schlägt's aber dreiz'n. Is denn das Mädel nich meine Tochter? Da soll ich nischt derzu sagen, hä? Da suchen Se sich ane Tumme aus, da kenn Se de Mutter Wolffen schlecht. Ich halte vor niemand nich hinterm Berge, und wenn's der Herr Vorschteher selber is. Viel weniger vor Ihn, das kenn Se mer glooben.

Wehrhahn. Ich begreife ja Ihre Erregung, Frau Wolffen. Aber wenn Sie der Sache nützen wollen, so rate ich Ihnen, ruhig zu bleiben.

Frau Wolff. Da hat ma nu bei da Leiten gearbeit't. Zehn Jahre hab' ich de Wäsche gewaschen. Mer hab'n uns vertragen de ganze Zeit. Un nu uff eenmal wolln Se aso komm. Zu Ihn komm' ich nie mehr, das kenn Se mer glooben.

Krüger. Das prauchen Sie kar nicht. Es kibt andere Frauen, die waschen könn.

Frau Wolff. Und's Gemiese und's Obst aus Ihrem Garten, das kann Ihn ooch ane andre verkoofen.

Krüger. Das werde ich los, ta ist keine Angst. – Sie hätten bloß prauchen ein Prügel nehmen und Ihre Tochter zu mir zurückjagen.

Frau Wolff. Ich lasse meine Tochter nich schinden.

Krüger. Wer hat Ihre Tochter geschunden, frag' ich?

Frau Wolf, *zu Wehrhahn*. A halbes Gerippe is Ihn das Mädel.

Krüger. Dann soll sie nicht kanze Nächte durchtanzen.

Frau Wolff. Se schläft wie a Steen a ganzen Tag.

Wehrhahn, *über Frau Wolff hinweg zu Krüger*. Wo hatten Sie denn das Holz gekauft?

Frau Wolff. Na, dauert die Sache hier noch lange?

Wehrhahn. Weshalb denn, Frau Wolffen?

Frau Wolff. I, wegen der Wäsche. Wenn ich mer hier meine Zeit versteh', da kann ich ooch heite nich fertig wern.

Wehrhahn. Das kommt hier nicht in Betracht, Frau Wolffen.

Frau Wolff. Und Ihre Frau? Was werd'n die sagen? Da machen Se's ock mit der aus, Herr Vorsteher.

Wehrhahn. Es dauert ja nur noch eine Minute. – Da sagen Sie uns mal gleich, Frau Wolffen, Sie sind ja im Dorfe herum bekannt. Wem trauen Sie so einen Diebstahl zu? Wer könnte das Holz wohl gestohlen haben?

Frau Wolff. Da kann ich Ihn gar nischt sagen, Herr Vorschteher.

Wehrhahn. Und haben Sie gar nichts Verdächt'ges bemerkt?

Frau Wolff. Ich war de Nacht erscht gar nich zu Hause. Ich mußte nach Treptow, Gänse einkoofen.

Wehrhahn. Um welche Zeit war das?

Frau Wolff. Gleich nach zehne. Mitteldorf war ja derbei, als mer loszogen.

Wehrhahn. Eine Holzfuhre ist Ihnen da nicht begegnet?

Frau Wolff. Nee, wißt' ich nich.

Wehrhahn. Wie ist's, Mitteldorf, haben Sie nichts bemerkt?

Mitteldorf, *nach einigem Nachsinnen*. Mir is nichts Verdächtiges uffjestoßen.

Wehrhahn. Na selbstverständlich, das wüßt' ich vorher. *Zu Krüger*. Wo haben Sie also das Holz jekauft?

Krüger. Zu was müssen Sie denn das wissen? frag' ich.

Wehrhahn. Sie werden das, denk' ich, mir überlassen.

Krüger. Natürlich doch bei der Forstverwaltung.

Wehrhahn. Das ist doch durchaus nicht so natürlich. Es gibt doch zum Beispiel auch Holzjeschäfte. Ich kaufe zum Beispiel mein Holz bei Sandberg. Warum sollten Sie nicht beim Händler kaufen? Man kauft überdies beinahe profitabler.

Krüger, *ungeduldig*. Ich habe nicht länger Zeit, Herr Vorsteher.

Wehrhahn. Was heißt das, Zeit? Sie haben nicht Zeit? Kommen Sie zu mir oder ich zu Ihnen? Nehme ich Ihre Zeit in Anspruch oder Sie die meine?

Krüger. Das ist Ihr Amt, dafür sind Sie hier.

Wehrhahn. Bin ich vielleicht Ihr Schuhputzer, was?

Krüger. Habe ich vielleicht silberne Löffel gestohlen? Ich verbitte mir diesen Unteroffizierston!

Wehrhahn. Da hört doch aber ... Schreien Sie nicht so!

Krüger. Sie schreien, Herr!

Wehrhahn. Sie sind halbtaub, da muß ich schreien.

Krüger. Sie schreien immer, Sie schreien jeden an, der hierherkommt.

Wehrhahn. Ich schreie niemand an, schweigen Sie still!

Krüger. Sie spielen sich hier als wer weiß was auf. Sie schikanieren den ganzen Ort.

Wehrhahn. Das kommt noch ganz anders, warten Sie nur. Ich werde Ihnen noch viel unbequemer.

Krüger. Das macht mir nicht den keringsten Eindruck. Ein Kernegroß sind Sie, weiter nichts. Sie wollen sich aufspielen, weiter nichts. Als ob Sie der König selber wären ...

Wehrhahn. Hier bin ich auch König!

Krüger *lacht aus vollem Halse*. Ha, ha, ha, ha! Das lassen Sie kut sein, in meinen Augen sind Sie kar nichts. Sie sind'n kanz simpler Amtsvorsteher. Sie müssen erst lernen, einer zu werden.

Wehrhahn. Herr, wenn Sie nicht augenblicklich schweigen ...

Krüger. Dann lassen Sie mich wohl arretieren? Das möchte ich Ihnen denn doch nicht raten. Das könnte Ihnen kefährlich werden.

Wehrhahn. Gefährlich? Sie? *Zu Motes*. Haben Sie gehört? *Zu Krüger*. Und wenn Sie wühlen und intrigieren mit Ihrem ganzen lieblichen Anhang. Sie werden mich von der Stelle nicht fortbringen.

Krüger. Du lieber Chott! Ich gegen Sie wühlen? Dazu ist mir Ihre Person viel zu kleichgiltig. Wenn Sie sich nicht ändern, das glauben Sie mir, da richten Sie so viel Unheil an, daß Sie sich känzlich unmöglich machen.

Wehrhahn, *zu Motes*. Herr Motes, man muß das Alter berücksichtigen.

Krüger. Ich bitte mich zu Protokoll zu vernehmen.

Wehrhahn *wühlt in seinen Sachen*. Erstatten Sie bitte schriftlich Anzeige, ich habe im Augenblick keine Zeit.

Krüger *sieht ihn verblüfft an, wendet sich energisch und geht ohne Gruß hinaus.*

Wehrhahn, *nach einer Verlegenheitspause*. Da kommen die Leute mit solchen Lappalien! – Äh! *Zu Frau Wolff*. Machen Sie, daß Sie zum Waschen kommen. – Ich sage Ihnen, mein lieber Motes, so'n Posten wird einem schwer gemacht. Wenn man nicht wüßte, für was man hier steht, da könnte man manchmal die Büchse ins Korn werfen. So aber heißt es: tapfer aushalten. Was ist es denn schließlich, für was man kämpft? Die höchsten Güter der Nation! –

Dritter Akt

Morgens gegen acht Uhr in der Wohnung der Frau Wolff. Auf dem Herd kocht das Kaffeewasser. Frau Wolff sitzt auf einer Fußbank und zählt Geld auf die Platte eines Stuhls. Julius kommt herein, ein geschlachtetes Kaninchen tragend.

Julius. Stich du all bloß det Jeld beiseite.

Frau Wolf, *im Berechnen vertieft, grob*. I, hab dich nich!

Schweigen. Julius wirft das Kaninchen auf einen Schemel, dann greift er ziemlich unschlüssig nach diesem und jenem und fängt schließlich an, einen Stiefel zu schmieren. Man hört fern ein Jagdsignal blasen.

Julius *horcht, dann ängstlich erregt.* Ob du woll det Jeld beiseite stichst!

Frau Wolff. Du sollst mich in Ruh' lassen, Julian. Laß du doch den dämlichen Motes blasen. Der is im Walde und denkt an nischt.

Julius. Bring du uns man noch nach Plötzensee!

Frau Wolff. Du sollst kee Blech reden, 's Mädel kommt!

Adelheid *kommt, eben aufgestanden*. Juten Morjen, Mama!

Frau Wolff. Haste schön geschlafen?

Adelheid. Ihr seid woll fort jewesen die Nacht?

Frau Wolff. Du wirscht woll geträumt haben – nu mach! Trag Holz herzu. Feder a bissel!

Adelheid, *mit einer Apfelsine ballend, nach der Tür.*

Frau Wolff. Wo hast'n die her?

Adelheid. Von Kaufmann Schöbel. *Ab.*

Frau Wolff. Du sollst von dem Kerle nischt geschenkt nehmen! – Nu komm amal, Julian! Heer amal druff! Hier hab' ich nu neununfufzig Taler. Das is doch nu eemal mit Wulkown immer. Um eenen wird ma doch immer beschummelt, denn sechszig hat a doch geb'n wollen. – Ich tu' se hier in a Beutel, verstehste! Nu nimm der 'ne Hacke, Julian, geh, mach der hinten im Ziegenstalle a Loch, aber unter der Krippe, wo's trocken is; da kannste a Beutel reintun, heerschte! Un an flachen Steen, den deckste mer drieber. Nu halt dich aber ni lange uff.

Julius. Ick denke, du willst all Fischern wat abzahln.

Frau Wolff. Ob de woll tun kannst, was ich d'r sage. Nu mähr nich erscht lange, haste verstanden?

Julius. Mach du mir nich eklich, sonst kriste wat druff all. Ick jeb' et nich zu, det det Jeld int Haus bleibt.

Frau Wolff. Wo soll's 'n da hinkommen?

Julius. Det nimmste und bringste bei Fischern hin. Du hast ja jesacht all, wir wolln mit wat abzahln.

Frau Wolff. Du bist doch a hagelshorntummer Kerl. Wenn du mich nich hätt'st, da wärschte verloren.

Julius. Schrei du man noch mehr!

Frau Wolff. Da muß man ooch schreien, wenn du aso tumm bist. Da red ni so tumm, da brauch' ich ni schreien. Wenn mir jetzt das Geld zu Fischern bringen, da paß amal uff, was uns da passiert.

Julius. Ick sach' et ja! mit die janze Jeschichte! Wat hab' ick davon, wenn ick sitzen muß!

Frau Wolff. Nu hast aber Zeit, daß de stille bist!

Julius. 'n bißken mehr schriegen kannste woll nich?

Frau Wolff. Ich wer mer deswegen kee ander Maul koofen. Du machst a Hallo ... ich weeß gar ni wie, wegen so an bissel Geschichte da. Paß du bloß uff dich uff und nich uff mich. Hast a Schlissel schonn in de Spree geschmissen?

Julius. Na, bin ick denn schon ant Wasser jekomm?

Frau Wolff. Nu haste Zeit, daß de Beene machst. Se solln woll a Schlissel bei dir finden? *Julius will fort*. I, wart amal, Julian! Gib her a Schlissel!

Julius. Wat willst'n mit machen?

Frau Wolff, *den Schlüssel an sich nehmend*. Das geht dich nischt an, das is meine Sache. *Sie steckt den Schlüssel zu sich, schüttet Kaffee in die Kaffeemühle und fängt an zu mahlen.* Nu geh in a Stall, denn kommste un trinkst.

Julius. Det hätt' ick man sollen früher jewußt hebben. *Julius ab.*

Adelheid kommt herein, eine große Schürze voll Knüppelholz bringend.

Frau Wolff. Wo haste das Holz hergenommen?

Adelheid. Na, halt von det neue Knüppelholz.

Frau Wolff. Du sollst von dem neuen Holze nich nehmen.

Adelheid *läßt es vor dem Herd auf die Erde fallen*. Det schad't doch nischt, Mama, wenn et wechkommt.

Frau Wolff. Was du bloß weeßt! Was fällt'n dir ein? Wer du man erscht trocken hinter a Ohren!

Adelheid. Ick weeß, wo et her is!

Frau Wolff. Was meenste denn, Mädel?

Adelheid. Ick meene det Holz.

Frau Wolff. I, quaßle bloß nich. Das is uff d'r Auktion gekooft.

Adelheid *spielt Ball mit der Apfelsine*. Ja, ja, wenn't man wah wär'. Det is ja stibietzt.

Frau Wolff. Was is es?

Adelheid. Stibietzt. Det is ja det Holz von Krüjer, Mama. Det hat mir ja Leontine jesacht.

Frau Wolff *haut ihr ein Kopfstück*. Da haste 'ne Antwort. Mir sein keene Diebe. Nu geh und mach deine Schularbeiten. Und mach se sauber, das sag' ich dir. Ich komme nachher und seh' mersch an.

Adelheid *ab ins Nebenzimmer*. Ick denke, ick kann jehn Schlittschuh loofen.

Frau Wolff. Und a Konfirmantenunterricht, den haste woll ganz und gar vergessen?

Adelheid. Der is ja erst Dienstach.

Frau Wolff. Morgen is a. Lern du mer ja deine Bibelspriche. Ich komme nacher un ieberheer' dich.

Adelheid *hört man im Nebenzimmer laut gähnen, dann sagen.* Jesus sprach zu seine Jünger: wer keen Löffel hat, ißt mit de Finger.

Julius kommt wieder.

Frau Wolff. Na, haste's ooch richtig gemacht, Julian?

Julius. Wenn't dir nich jefällt, denn mach't man alleene.

Frau Wolff. Weeß Gott! da tutt ma ooch immer am besten. *Sie gießt ihm und sich selbst je eine Obertasse voll Kaffee und stellt sie auf einen Holzstuhl, dazu Brot und Butter.* Dahier, trink Kaffee!

Julius, *sich setzend und Brot schneidend.* Wenn man bloß Wulkow hat fortjekonnt.

Frau Wolff. Na, bei dem Tauwetter.

Julius. Immerzu doch, Tauwetter!

Frau Wolff. Wenn's ooch meinswegen a bissel friert, deswegen wird a nich sitzen bleiben. Der is jetzt schon längst a Stick im Kanale.

Julius. Wenn er man nich noch all an de Brücke liecht.

Frau Wolff. For mir mag a liegen, wo a will.

Julius. Det Wulkow nochmal jehörich rinschliddert, das kannste mir dreiste jlooben, verstehste!

Frau Wolff. Das is seine Sache, nich unsre Sache!

Julius. Denn stecken wir man all ooch in de Patsche. Laß du se man finden den Pels bei Wulkown.

Frau Wolff. Was denn fer'n Pelz?

Julius. Na, Kriejer sein Pels.

Frau Wolff. Red du bloß keen Blech nich zusammen, verstehste. Verbrenn d'r dei Maul nich an fremden Sachen.

Julius. Det betrifft mer ooch all.

Frau Wolff. Dreck betrifft's dich! Das geht dich nischt an. Das sind meine Sachen, nich deine Sachen. Du bist gar kee Mann, du bist a alt Weib. – Hier haste Geld, nu mach, daß de fortkommst. Geh nieber zu Fiebigen, trink an Schnaps; meinswegen mach der an lust'gen Sonntag. *Es klopft.* Herein! Immer rein, wer de reinwill.

Dr. Fleischer mit seinem fünfjährigen Jungen tritt ein. Fleischer ist siebenundzwanzig Jahr, trägt Jägerianerkostüm, hat kohlschwarze Haare, ebensolchen Schnurr- und Backenbart; seine Augen liegen tief, seine Stimme ist für gewöhnlich sanft. Er verwendet in jeder Sekunde rührende Sorgfalt auf sein Kind.

Frau Wolff, *jauchzend.* Hach, kommt uns der Philipp amal besuchen! Na, das is schön, das rech'n ich mir aber. *Sie bemächtigt sich des Kindes und zieht ihm den Paletot aus.* Nu komm, zieh der aus a Paletot. Hier hinne is warm, hier wirschte nich frieren.

Fleischer, *ängstlich*. Frau Wolffen, es zieht. Ich glaube, es zieht.

Frau Wolff. Wer werd denn so weech gebacken sein! A bissel Zug schad't dem Jungen nischt.

Fleischer. Nein, nein, bewahre. Was denken Sie denn! Im Augenblick hat der Junge was weg. Bewege dich, Philippchen. Immer beweg dich.

Philipp *wehrt mit den Schultern ab und quiekt dabei.*

Fleischer. Ja, Philippchen, siehst du, sonst wirst du krank. Du brauchst ja bloß langsam hin und her gehen.

Philipp, *ungezogen*. Ich will aber nich.

Frau Wolff. I, lassen Se'n man.

Fleischer. Guten Morgen, Frau Wolffen.

Frau Wolff. Guten Morgen, Herr Dokter, besuchen Sie uns ooch wieder amal?

Fleischer. Guten Morgen, Herr Wolff.

Julius. Schön juten Morjen, Herr Fleischer.

Frau Wolff. Na, sein Se willkomm'n. Nehmen Se Platz.

Fleischer. Wir wollen uns gar nich lange aufhalten.

Frau Wolff. Na, wenn mer so an scheenen Besuch kriegen, gleich in der Frieh, da wern mer heut ooch an glicklichen Tag hab'n. *Vor dem Jungen kniend*. Nich wahr, mei Junge, du bringst uns Glick?

Philipp, *erregt*. Ich bin im zoloschen Darten dewesen, da hab' ich Störche desehn, die haben sich mit goldnen Schnäbeln debeißt.

Frau Wolff. Nee, is woll nich meeglich, du liegst mer was vor. *Den Jungen würgend und abküssend.* Huch, Junge, ich fress' dich, ich fress' dich reen uf. Herr Fleischer, den Jungen behalt' ich mer. Das is mei Junge. Gelt, du bist mei Junge? Was macht denn de Mutter, hä?

Philipp. Sie is desund, und sie läßt schön drüßen, und Sie möchten doch morgen früh Wäsche waschen.

Frau Wolff. Na, sieh eener an. Aso a Junge. Der kann schonn solche Sachen ausrichten. *Zu Fleischer*. Na, wollen Se sich nich a bissel setzen?

Fleischer. Der Junge quält mich, er will mal Kahn fahren. Geht's denn?

Frau Wolff. I, freilich. De Spree is frei. Das Mädel kann Ihn ja a Stickl rausrudern.

Fleischer. Der Junge läßt mich nu mal nich locker. Er hat sich das so in den Kopf gesetzt.

Adelheid, *an der Tür des Nebenzimmers sichtbar werdend, winkt Philipp.* Komm, Philipp, ick wer der was Schönes zeijen.

Philipp *kreischt störrisch auf.*

Fleischer. Philippchen, hörst du, nicht ungezogen! –

Adelheid. Da sieh man die schöne Apfelsine!

Philipp *lacht übers ganze Gesicht, tut ein paar Schritte auf Adelheid zu.*

Fleischer. Na geh mal hin, aber ja nicht betteln!

Adelheid. Komm, komm, die essen wir jetzt mitnander. *Sie tut ein paar Schritte auf das Kind zu, faßt es bei der Hand, hält ihm mit der freien Hand die Apfelsine vor, und beide begeben sich einträchtig ins Nebenzimmer.*

Frau Wolff, *dem Jungen nachschauend.* Nee, Junge, ich muß dich bloß immer ansehn. Ich weeß nich, wenn ich so'n Jungen seh' ... – *sie nimmt den Schürzenzipfel und schneuzt sich* – da is mersch, als wenn ich glei heulen mißte.

Fleischer. Haben Sie nicht mal so'n Jungen gehabt?

Frau Wolff. Na freilich. Aber was nutzt denn das alles! Ma macht 'n ja doch nich wieder lebendig. – Ja sehen Se – das sind so – Lebenssachen.

Pause.

Fleischer. Man muß zu vorsichtig sein mit den Kindern.

Frau Wolff. Da mag ma halt noch so vorsichtig sein. – Was kommen soll, kommt. *Pause. Kopfschüttelnd.* Was haben Se denn mit Herr Motes gehabt?

Fleischer. Ich? Nichts. Was soll ich mit ihm gehabt haben?

Frau Wolff. Ich meente bloß so. –

Fleischer. Wie alt ist denn Ihre Tochter jetzt?

Frau Wolff. Zu Ostern kommt se doch aus der Schule. Wie is 's denn, wollen Se se haben, Herr Fleischer? Zu Ihn, da geb' ich se gerne ins Dienst.

Fleischer. Warum denn nich? Das wär' gar nicht übel.

Frau Wolff. Das is Ihn a strammer Pursche geworden. Wenn die ooch noch jung is, kann ich Ihn sagen, die arbeit't mit jeder um die Wette. Und wissen Se was: se is manchmal a Strick, se tut manchmal nich gut. Aber tumm is se nich. Die hat Ihn Scheenie.

Fleischer. Das kann ja immerhin möglich sein.

Frau Wolff. Lassen Se die bloß a eenziges Mal was uffsagen – a Getichte, oder was grade is. Da kann ich Ihn aber sagen, Herr Dokter, da komm Se aus der Gänsehaut gar nich raus. Se könn se ja amal reinruffen lassen, wenn Se wieder amal Berliner Besuch hab'n. Zu Ihn kommen doch immer so allerhand Tichter. Die is Ihn treiste, die legt glei los. Se deklamiert Ihn zu wunderscheene! – *Verändert*. Nu will ich Ihn aber an gutten Rat geben: Se derfen mersch aber nich iebelnehmen. –

Fleischer. 'n guten Rat nehm' ich niemals übel.

Frau Wolff. Uffs erschte: schenken Se nich so viel weg. Das dankt Ihn kee Mensch. Se hab'n doch bloß Undank.

Fleischer. Ich schenke ja gar nicht viel weg, Frau Wolffen.

Frau Wolff. Na ja, ich weeß schonn. Reden Se erscht nich, das macht Ihn bloß de Leite stutzig. Da heeßt's gleich: das is a Temekrat. Und sein S' ock im Reden ja immer recht vorsichtig.

Fleischer. Wie soll ich denn das verstehn, Frau Wolff?

Frau Wolff. Ma kann sich ja denken, was ma will. Im Aussprechen muß ma gar vorsichtig sein. Da sitzt ma im Loch, ma weeß gar nich wie.

Fleischer *wird bleich*. Na, machen Sie keinen Unsinn, Frau Wolff.

Frau Wolff. Nee, nee, das sag' ich in allen Ernst. – Und nehm Se sich bloß vor dem Menschen in acht.

Fleischer. Vor welchem Menschen meinen Sie denn?

Frau Wolff. Na der, von dem mer vorhin gered't haben.

Fleischer. Vor Motes etwa?

Frau Wolff. Ich nenn' keene Namen. Sie missen doch was mit dem Menschen gehabt haben?

Fleischer. Ich verkehre ja gar nicht mehr mit ihm.

Frau Wolff. Na, sehn Se, das hab' ich mer doch gedacht.

Fleischer. Das kann mir kein Mensch verdenken, Frau Wolffen!

Frau Wolff. Ich verdenk's Ihn ooch nich.

Fleischer. Das wäre noch schöner, mit einem Schwindler ... mit einem notorischen Schwindler verkehren.

Frau Wolff. Das is ooch a Schwindler, da haben Se schonn recht.

Fleischer. Jetzt is er zur Kuchen-Dreiern gezogen. Die arme Frau kann sehn, wo sie bleibt. Was die etwa hat, das wird sie schon loswerden. Mit so einem Kerl ... einem förmlichen Zuchthäusler ...

Frau Wolff. A laßt halt so manchmal Reden fallen ...

Fleischer. So!? Über mich? Da bin ich neugierig.

Frau Wolff. Se hätten, gloob' ich, was Schlechtes gesprochen, von eener hohen Person oder was.

Fleischer. Hm! was Genaues wissen Sie nicht?!

Frau Wolff. A steckt halt viel mit'n Wehrhahn zusammen. Aber wissen Se was? Ich will Ihn was sagen. Gehn Sie amal hin zur Mutter Dreiern. Die ale Hexe riecht ooch schonn Lunte. Erseht sind s' er doch um a Mund gegangen, jetzt fressen doch die er de Haare vom Koppe.

Fleischer. Ach was, die ganze Sache ist Unsinn!

Frau Wolff. I, gehn Se zur Dreiern, das kann nischt schaden. Die hat mer ane Geschichte erzählt ... A hat se zum Meineid verleiten wollen. Da hab'n Se da ganzen Kerl in der Hand.

Fleischer. Ich kann ja mal hingehn, meinetwegen. Aber schließlich ist mir die Sache egal. Das müßte doch mit'm Deibel zugehn, wenn so'n Kerl ... der soll doch mal ankommen. – Du, Philipp, Philipp! Wo bist du denn? Wir wollen jetzt gehn.

Adelheids Stimme. Wir sehn uns so schöne Bilder an.

Fleischer. Was sagen Sie übrigens zu der Geschichte?

Frau Wolff. Zu welcher?

Fleischer. Sie haben noch gar nichts gehört?

Frau Wolff, *unruhig*. Nee, was ich Ihn sage. – *Ungeduldig*. Mach, Julian, geh, daß de zeitig wieder zu Mittage da bist. *Zu Fleischer*. Mer ham heite a Kaninchen geschlacht. Biste noch nich fertig, Julian?

Julius. Na, laß mer bloß man meine Mitze suchen.

Frau Wolff. Ich kann das nich sehn, wenn eener so dämelt – so: kommste heite nich, kommste morgen. Bei mir muß alles vom Fleck gehn.

Fleischer. Heut nacht ist bei Krüger ge...

Frau Wolff. Sein Se stille! Lassen Se mich mit dem Manne zufrieden! Uf den hab' ich eene solche Bost! Der Mann hat mich Ihn zu tief gekränkt. Wie mir beede mitnander gestanden haben, und macht mich so schlecht vor allen Leuten. *Zu Julius*. Na, gehste nu, oder gehste nich?

Julius. Ick jeh' schon, rege dir man nich uff. Ick wünsch' all juten Morjen, Herr Fleischer!

Fleischer. Guten Morgen, Herr Wolff.

Julius ab.

Frau Wolff. Na, wie gesagt –

Fleischer. Ja, wie ihm das Holz gestohlen wurde, da hat er sich wohl mal mit Ihnen gezankt? Von damals das hat er längst bereut.

Frau Wolff. I, der und bereuen!

Fleischer. Nu was ich Ihnen sage, Mutter Wolffen. Und überhaupt nach der letzten Geschichte. Sie stehen bei dem Manne groß angeschrieben. 's beste wär', Sie vertrügen sich wieder.

Frau Wolff. Mer hätten vernimft'g reden kenn. Aber gleich mit der Polizei – nu nee!

Fleischer. Die alten Leutchen sind wirklich schlimm dran: das Holz vor acht Tagen, heute der Pelz ...

Frau Wolff. Nu raus mit der großen Neuigkeit.

Fleischer. Sie haben halt wieder mal eingebrochen.

Frau Wolff. Gestohlen? Machen Se bloß keenen Unsinn.

Fleischer. Und zwar einen nagelneuen Pelz.

Frau Wolff. Nee, wissen Se, nächstens zieh' ich fort. Das is ja eine Bande dahier! Da is ma ja seines Lebens nich sicher! Z! Z! Solche Menschen! Ma sollt's nich glooben!

Fleischer. Nu können Sie sich denken, was für'n Hallo ist.

Frau Wolff. Das kann man den Leiten nich verdenken.

Fleischer. Und wirklich, 's war'n recht teures Stück, ich glaube, Nerz.

Frau Wolff. Is das aso ähnlich wie Biber, Herr Fleischer?

Fleischer. Ach, 's kann sogar Biber gewesen sein. Die Leutchen waren ganz stolz darauf. – Das heißt: gelacht hab' ich doch im stillen. Wenn so was entdeckt wird, das wirkt immer komisch.

Frau Wolff. Sie sin aber wirklich unbarmherzig. – Ieber so was kann ich nich lachen, Herr Fleischer!

Fleischer. Na denken Sie, daß mir der Mann nicht leid tut?

Frau Wolff. Was missen bloß das fer Menschen sein! Das will een doch gar nich in a Kopp. So andere Leute ums Ihrige bringen – nee, da lieber arbeiten, bis ma hinfällt.

Fleischer. Könnten Sie denn nich mal so'n bißchen rumhorchen? Ich glaube, der Pelz ist im Orte geblieben.

Frau Wolff. Nu haben Se denn uff niemand Verdacht?

Fleischer. Da hat so' ne Waschfrau bei Krüger gewaschen ...

Frau Wolff. De Millern?

Fleischer. Die hat so 'ne große Familie ...?

Frau Wolff. 'ne große Familie hat die Frau, aber stehlen ... nee. A bissel mausen, ja!

Fleischer. Natürlich hat sie Krüger gejagt.

Frau Wolff. Das muß doch rauskommen, Schwerenot. Das mißte doch mit'n Teifel zugehn. Na, wenn ich bloß Amtsvorsteher wär'. Der Mann is Ihn aber tumm ... nee, horndumm. Ich seh' durch mei Hiehnerooge mehr wie der durch sei Glasooge, könn Se mer glooben.

Fleischer. Das glaub' ich beinahe.

Frau Wolff. Das kann ich Ihn sagen, wenn's druff ankommt: dem stehl' ich a Stuhl unterm Hintern weg.

Fleischer *ist aufgestanden, ruft lachend ins Nebenzimmer*. Komm, Philipp, komm, wir müssen jetzt gehn. Adieu, Mutter Wolffen.

Frau Wolff. Zieh dich an, Adelheid. Du sollst a Herr Fleischer a Stickl rudern.

Adelheid *kommt, die letzten Knöpfe am Halse knöpfend, führt Philipp an der Hand.* Ick bin ja schon fertig. *Zu Philipp*. Komm her, du, ick nehme dir uff'n Arm.

Fleischer, *besorgt und beim Anziehen behilflich*. Nur ja gut einpacken. Er ist zu anfällig. Und auf dem Wasser wird's windig sein.

Adelheid. Ick wül man voraufjehn, 'n Kahn zurechtmachen.

Frau Wolff. Wie geht's Ihn denn jetzt mit Ihrer Gesundheit?

Fleischer. Viel besser, seit ich hier draußen lebe.

Adelheid, *in der Tür, ruft zurück*. Mama, Herr Krüger.

Frau Wolff. Wer kommt?

Adelheid. Herr Krüger.

Frau Wolff. Is woll nich meeglich!

Fleischer. Er wollte den Morgen zu Ihnen kommen. *Ab.*

Frau Wolff *wirft einen schnellen Blick auf den Haufen Knüppelholz und beginnt resolut, ihn wegzuräumen*. Komm, Mädel, hilf, daß mersch Holz wegkriegen.

Adelheid. Warum denn, Mama? Ach, wegen Herr Krüger.

Frau Wolff. Weswegen denn sonst, tumme Gans! Geheert sich das woll, wie das bei uns aussieht? Is das ane Art am Sonntagmorgen? Was soll denn Herr Krieger von uns denken? *Krüger erscheint, echauffiert, die Wolffen ruft ihm entgegen.* Herr Krieger, sehn Se sich ock nich um. Bei uns sieht's noch gar sehr schrecklich aus.

Krüger, *sich überhastend.* Chuten Morgen! Chuten Morgen! Das lassen Sie kut sein. Sie kehn die kanze Woche auf Arbeit, da kann am Sonntag nicht alles kefegt sein. Sie sind eine ordentliche Frau. Sie sind eine ehrliche Frau, Frau Wolffen. Und was zwischen uns ist vorkefallen, das wollen wir känzlich verkessen, denk' ich.

Frau Wolff, *gerührt, mit dem Schürzenzipfel zuweilen die Augen trocknend.* Ich hab' niemals nischt gegen Ihn gehabt. Ich hab' immer gern bei Ihn gearbeit. Aber da Se halt gleich aso heftig wurden – da geht halt de Bost ooch amal mit een durch, 's hat een ja leed genug getan.

Krüger. Sie kommen wieder und waschen bei uns. Wo ist Ihre Tochter, die Leontine?

Frau Wolff. Sie is mit Grienkohl beim Postvorsteher.

Krüger. Das Mädchen keben Sie wieder zu uns. Statt zwanzig bekommt sie dreißig Taler. Wir waren sonst immer mit ihr zufrieden. Verkeben und verkessen wir alles. *Er reicht ihr die Hand, die Wolffen schlägt ein.*

Frau Wolff. Das hätte ja alles gar nich sein brauchen. Das Mädel is halt noch a tummes Kind. Mir Alten ham uns doch immer vertragen.

Krüger. Die Sache ist also abkemacht. *Verschnaufend.* – Da bin ich doch wenigstens so weit beruhigt. – Nu sagen Sie bloß. Was mir passiert ist. Was sagen Sie dazu?

Frau Wolff. Ach, wissen Se, nee ... ich sage schonn gar nischt.

Krüger. Da haben wir nun diesen Herrn von Wehrhahn. Die ehrlichen Bürger kujonieren, Schikanen und Quälereien erdenken. In was steckt der Mann seine Nase nicht alles!

Frau Wolff. Bloß wo a se haben soll, hat a se nich.

Krüger. Ich kehe jetzt hin und mache die Anzeige. Ich lasse nicht locker, die Sache muß rauskommen.

Frau Wolff. Das lassen Sie ja nich sitzen, Herr Krieger.

Krüger. Und wenn ich soll alles auf den Kopf stelln. Meinen Pelz werd' ich wiederbekommen, Frau Wolff.

Frau Wolff. Hier muß amal richtig gereenigt werden, daß amal Ruhe wird in dem Nest. Die stehlen een ja sonst's Dach ieberm Koppe.

Krüger. Nu denken Sie sich um Chottes willen! In vierzehn Tagen zwei solche Diebstähle! Zwei Meter Knüppel, wie Sie dort haben. *Er nimmt einen der Knüppel in die Hand.* So chutes, teures Holz, Frau Wolff.

Frau Wolff. Nee, ärgern könnt' ma sich, daß ma grien wird. Was hier fer ane Bande sitzt ... Pfui Teifel! Nee so was! äh! Laßt mich zufriede!

Krüger *ficht wütend mit dem Knüppel in der Luft herum.* Und wenn's mich tausend Taler kost, ich werde den Tieben schon auf die Spur komm. Die Leute entkehen dem Zuchthause nicht.

Frau Wolff. Das wär' ooch a Segen. Wahrhaft'gen Gott!

Vierter Akt

Im Amtslokal. Glasenapp sitzt auf seinem Platz. Frau Wolff mit Adelheid, die ein in Leinwand gewickeltes Paketchen vor sich auf dem Schoße hat, warten auf den Amtsvorsteher.

Frau Wolff. A bleibt ja heute wieder gar lange.

Glasenapp, *schreibend.* Jeduld! Jeduld!

Frau Wolff. Na, wenn a heut wieder so spät kommt, da hat a doch wieder nich Zeit fer uns.

Glasenapp. I, Jott! Mit euern Lappalien da! Wir haben janz andre Dinge zu tun.

Frau Wolff. Ihr werd't ooch scheene Dinge ze tun haben.

Glasenapp. Det is ja keen Ton. Det paßt sich ja nich!

Frau Wolff. I, haben Se sich bloß a bißl mehr. Das Mädel hat Krieger hierhergeschickt.

Glasenapp. Mal wieder die Pelzjeschichte, was?

Frau Wolff. Ooch noch!

Glasenapp. Da hat doch der alte Kerl mal was. Da kann er sich doch'n bißken ins Zeug legen, der olle O-beinige Scherulant.

Frau Wolff. Ihr mault bloß; seht lieber, daß er was rauskriegt.

Mitteldorf *erscheint in der Tür.* Se solln mal rüberkomm, Jlasenapp. Herr Vorsteher will wat von Sie wissen.

Glasenapp. Muß ich schon wieder mal unterbrechen. *Wirft die Feder weg und geht hinaus.*

Frau Wolff. Gu'n Morgen, Mitteldorf.

Mitteldorf.. Juten Morjen!

Frau Wolff. Wo bleibt'n der Vorsteher aso lange?

Mitteldorf. Schreibt janze Boochen voll, Mutter Wolffen. 't sin wicht'che Sachen, det kann ich Ihn sachen. *Vertraulich.* Und wissen Se: 't liecht wat in de Luft. – Wat, weeß ich noch nich. Aber det wat liecht – det weeß ick so sicher ... Wenn Se bloß man achtjeben, denn wern Se's erleben. Et kracht, und wenn et kracht, Mutter Wolffen, denn – hat et jekracht. Nee, wie jesacht, ick versteh' ja nischt von. Det is allens de Neuheit. De Neuheit is allens. Und von de Neuheit versteh' ick nischt. Et muß wat jeschehn. Det jeht nich so weiter. Der janze Ort muß jesäubert wern. Ick finde mich ja nu nich mehr so rin. Wat der Vorsteher war, der jestorben is, det war jejen den bloß – 'n Eckensteher. Ick könnte Ihn all noch ville erzähln. Ick hab' man nich Zeit. Der Baron vermißt mir. *Geht, in der Tür wendet er sich noch einmal und sagt*. Et kracht, Mutter Wolffen, det können Se mir jlooben. *Ab.*

Frau Wolff. Na, wenn's ock bei dem nich etwa geschnappt hat.

Pause.

Adelheid. Wat soll ick denn sachen? Ick hab't verjessen.

Frau Wolff. Was haste denn zum Herr Krieger gesagt?

Adelheid. Na, det ick det Pack hier gefunden habe.

Frau Wolff. Sonst brauchste ooch hier nischt weiter zu sagen. Bloß, daß de forsch bist und resolut. Du bist doch sonst nich uffs Maul gefallen.

Wulkow *kommt herein*. Ick wünsche juten Morgen.

Frau Wolff starrt sprachlos auf Wulkow, dann. Nee, aber Wulkow, Ihr seid woll gar nich mehr gescheit?! Was wollt Ihr d'nn hier?

Wulkow. Na, meine Frau hat wat Kleenes jekriecht ...

Frau Wolff. Was hat se gekriegt?

Wulkow, 'n kleenet Mächen. Da muß ick all komm ufft Standesamt.

Frau Wolff. Ich denke, Ihr seid schon längst im Kanale?

Wulkow. Ick hätte all ooch nischt dajejen, Wolffen. Wenn't bloß an mir läje, war' ick't ooch. Ick hebbe ja ooch jleich losjemacht. Un wie ick komme bis bei de Schleußen, da jeht et nich weiter. Nu hebb' ick jelauert, det de Spree sollte loslassen. Zwee Tache un Nächte hebb' ick jelejen, bis det nu mit meine Frau noch zukam. Denn half keen Jammern, denn mußt' ick retour.

Frau Wolff. Da habt er a Kahn wieder an der Bricke?

Wulkow. Na immer. Wo soll ick den hebben all?

Frau Wolff. Nu laßt mich zufriede.

Wulkow. I, wenn se man bloß nischt jerochen hebben.

Frau Wolff. Geh, hol fer zehn Fennig Zwirn beim Koofmann.

Adelheid. Det hol' ick, wenn ick nach Hause jeh'.

Frau Wolff. Du gehst und maulst nich.

Adelheid. Ick bin doch keen kleenes Mächen mehr. *Ab.*

Frau Wolff, *hastig*. Da habt Ihr dort an der Schleuße gelegen?

Wulkow. Zwee janze Tage. Wat ick Ihn sache.

Frau Wolff. Nu, laßt Euch verglasen. Ihr seid a Kerl – a Pelz zieht Ihr an am lichten Tage.

Wulkow. Ick? Anjezochen?

Frau Wolff. Ja, angezogen, am hellen Tage. Daß 's der ganze Ort glei zu wissen kriegt, was Ihr fer an scheenen Pelz anhat.

Wulkow. Det war ja all mittendrin in de Heide.

Frau Wolff. 'ne Viertelstunde von unsern Hause. Mei Mädel hat Euch doch sitzen sehn. Se mußte a Dokter Fleischer rudern, un der hat ooch gleich an Verdacht gefaßt.

Wulkow. Da weeß ick nischt von, det jeht mir nischt an.

Man hört jemand kommen.

Frau Wolff. Pst, sein Se bloß jetzt uff'n Posten, Wulkow.

Glasenapp *kommt eilig herein, etwa in der Weise des Amtsvorstehers. Fragt Wulkow von oben herab.* Was haben Sie denn?

Wehrhahn, *noch außen*. Was willst du denn, Mädchen? Du kommst zu mir? Man also rein. *Wehrhahn läßt Adelheid vor sich eintreten und folgt nach.* Viel Zeit hab' ich heute nicht. Ach so, du bist wohl die kleine Wolff? Na setz dich mal hin. Was hast du denn da?

Adelheid. Ick hab' das Paket ...

Wehrhahn. Na wart erst mal ... *Zu Wulkow*. Was haben Sie denn?

Wulkow. Eine Jeburt möcht' ick anmelden.

Wehrhahn. Also standesamtlich. Die Bücher, Glasenapp. Das heißt, ich will erst das andere erledigen. *Zu Frau Wolff*. Was gibt es denn da mit Ihrer Tochter? Hat Krüger sie wieder mal geohrfeigt?

Frau Wolff. Nee, so weit hat a's woll doch nich getrieben.

Wehrhahn. Was ist denn dann los?

Frau Wolff. Halt mit den Paket ...

Wehrhahn, *zu Glasenapp*. Ist Motes noch immer nicht dagewesen?

Glasenapp. Bis jetzt noch nicht.

Wehrhahn. Mir unbegreiflich! Na, Mädchen, was willst du?

Glasenapp. Es betrifft den gestohlenen Pelz, Herr Vorsteher.

Wehrhahn. Ach so. Das ist mir heute nicht möglich. Wer kann denn alles auf einmal tun! *Zu Frau Wolff*. Sie kann sich mal morgen bei mir melden.

Frau Wolff. Se hat schon a paarmal wolln mit Ihn reden.

Wehrhahn. Dann versucht sie's morgen zum drittenmal.

Frau Wolff. Herr Krieger läßt se halt gar nich mehr locker.

Wehrhahn. Was hat Herr Krüger damit zu tun?

Frau Wolff. 's Mädel war bei'm mit dem Paketel.

Wehrhahn. Was ist das für'n Lappen? Zeigen Sie mal.

Frau Wolff. Das hängt mit der Pelzgeschichte zusammen. Heeßt das: Herr Krieger is eben der Meinung.

Wehrhahn. Was ist denn drin in dem Lappen, was?

Frau Wolff. 'ne griene Weste is drin vom Herr Krieger.

Wehrhahn. Das hast du gefunden?

Adelheid. Ick hab' et jefunden, Herr Amtsvorsteher!

Wehrhahn. Wo hast du's gefunden?

Adelheid. Det war, wie ick mit Maman zur Bahn jing. Da jing ick so und da ...

Wehrhahn. Laß man gut sein. *Zu Frau Wolff.* Das deponieren Sie doch mal zunächst. Wir werden morgen darauf zurückkommen.

Frau Wolff. Mir wär's schonn recht ...

Wehrhahn. Und wem denn nicht?

Frau Wolff. Herr Krieger is bloß zu eifrig dahinter.

Wehrhahn. Herr Krüger, Herr Krüger – der ist mir ganz gleichgiltig. Der Mann belästigt mich geradezu. Man kann doch so was nicht übers Knie brechen. Er hat ja Belohnung ausgesetzt, es ist ja im Amtsblatt bekanntgegeben.

Glasenapp. Dem Mann jeschieht immer noch nicht jenug.

Wehrhahn. Was soll das heißen: geschieht nicht genug? Wir haben den Tatbestand aufgenommen. Seine Waschfrau ist ihm verdächtig gewesen, wir haben Haussuchung vorgenommen. Was will er denn noch? Der Mann soll doch still sein. Nun, wie jesagt, morjen steh' ich zu Diensten.

Frau Wolff. Uns is das egal, mir kommen ooch wieder.

Wehrhahn. Na ja, morgen früh.

Frau Wolff. Gu'n Morgen!

Adelheid *knickst*. Guten Morjen!

Frau Wolff und Adelheid ab.

Wehrhahn, *in Akten wühlend, zu Glasenapp*. Ich bin doch neugierig, was da rauskommt. Herr Motes will nun auch Zeugen stellen. Er meint, die Dreiern, die Kuchenhexe, die habe mal grade dabeigestanden, als Fleischer sich despektierlich aussprach. Wie alt ist denn die Dreiern, sagen Sie mal?

Glasenapp. So gegen siebzig Jahre, Herr Vorsteher.

Wehrhahn. 'n bißchen verschupft, was?

Glasenapp. Na, wie man's nimmt. Sie hat die Gedanken noch ziemlich beisammen.

Wehrhahn. Ich kann Ihnen sagen, Glasenapp, es wäre mir eine direkte Genugtuung, hier mal recht gründlich zwischenzufahren. Daß die Leute merken, mit wem sie's zu tun haben. Bei Kaisers Geburtstag, wer war nicht dabei? Natürlich der Fleischer. Dem Mann trau' ich das Schlimmste zu. Wenn der noch so schafsdumme Jesichter macht. Man kennt sie ja, diese Wölfe im Schafspelz. Können keiner Fliege ein Beinchen ausreißen, aber wenn's drauf ankommt, sprengen die Hunde janze jroße Ortschaften in die Luft. Der Boden soll ihnen doch hier etwas heiß werden!

Motes *kommt.* Jehorsamer Diener!

Wehrhahn. Na also, wie steht's?

Motes. Frau Dreier will jejen elf Uhr hier sein.

Wehrhahn. Die Sache wird einiges Aufsehen machen. Es wird ein großes Geschrei entstehen. Der Wehrhahn mischt sich in alles hinein. Nun, Gott sei Dank, ich bin drauf gefaßt. Ich stehe ja hier nicht zu meinem Vergnügen. Zum Spaß hat man mich nicht hierhergesetzt. Da denken die Leute, so'n Amtsvorsteher, das ist weiter nichts wie ein höherer Büttel. Da mögen sie jemand anders hierhersetzen. Die Herren freilich, die mich ernannt haben, die wissen genau, mit wem sie's zu tun haben. Die kennen den ganzen Ernst meiner Auffassung. Ich erfasse mein Amt als heil'jen Beruf. *Pause.* Bericht für die Staatsanwaltschaft hab' ich verfaßt. Wenn ich ihn heute mittag abschicke, kann übermorgen Verhaftsbefehl hiersein.

Motes. Nun wird man aber über mich herfallen.

Wehrhahn. Sie wissen, mein Onkel ist Kammerherr. Ich werde mal mit ihm über Sie sprechen. Potz Donnerwetter! Da kommt der Fleischer! Was will denn der Mensch? Er hat doch nicht etwa Lunte jerochen? *Es klopft, Wehrhahn schreit.* Herein!

Fleischer *tritt ein, bleich und aufgeregt.* Guten Morgen! Er bleibt ohne Antwort. Ich möchte eine Anzeige machen, die sich auf den neulichen Diebstahl bezieht.

Wehrhahn, *mit durchdringendem Polizeiblick.* Sie sind der Dr. Joseph Fleischer?

Fleischer. Ganz recht. Joseph Fleischer ist mein Name.

Wehrhahn. Sie wollen mir eine Anzeige machen?

Fleischer. Wenn Sie gestatten, so möcht' ich das tun. Ich habe nämlich etwas beobachtet, was möglicherweise dazu führt, dem Pelzdiebe auf die Spur zu kommen.

Wehrhahn *trommelt auf den Tisch und sieht sich mit einem Ausdruck gemachten Befremdens bei den Anwesenden um, diese zum Lächeln herausfordernd. Anteillos.* Was haben Sie nun also so Wichtiges beobachtet?

Fleischer. Das heißt, wenn Sie etwa von vornherein auf meine Mitteilung keinen Wert legen, dann würde ich vorziehen ...

Wehrhahn, *schnell, hochmütig.* Was würden Sie vorziehn?

Fleischer. Ich würde vorziehn, darüber zu schweigen.

Wehrhahn *wendet sich schweigend und gleichsam nicht begreifend an Motes, dann verändert, beiläufig.* Meine Zeit ist etwas in Anspruch genommen. Ich möchte Sie bitten, sich kurz zu fassen.

Fleischer. Meine Zeit ist ebenfalls eingeteilt. Indessen hielt ich mich für verpflichtet ...

Wehrhahn, *hineinredend.* Sie hielten sich für verpflichtet. Gut. Nun sagen Sie also, was Sie wissen.

Fleischer, *mit Überwindung.* Ich bin also gestern Kahn gefahren. Ich hatte den Kahn von der Wolffen genommen. Und ihre Tochter saß vorn am Ruder.

Wehrhahn. Gehört das denn unbedingt zur Sache?

Fleischer. Ja, allerdings – nach meiner Meinung.

Wehrhahn, *ungeduldig trommelnd.* Schon gut, schon gut, daß wir weiterkommen.

Fleischer. Wir fuhren bis in die Nähe der Schleußen. Da hatte ein Spreekahn angelegt. Das Eis, wie wir sahen, war dort aufgestaut. Wahrscheinlich war er dort festgefahren.

Wehrhahn. Hm. So. Das interessiert uns nun weniger. Was ist denn der Kern von der ganzen Sache?

Fleischer, *mit Gewalt an sich haltend.* Ich muß gestehen, daß diese Art ... Ich komme hierher durchaus freiwillig, einen freiwilligen Dienst der Behörde zu leisten ...

Glasenapp, *frech.* Der Herr Amtsvorsteher hat nicht Zeit. Sie sollen nur weniger Worte machen. Sie sollen es kurz und bündig sagen.

Wehrhahn, *heftig.* Die Sache. Die Sache. Was wollen Sie denn?

Fleischer, *mit Überwindung.* Es liegt mir daran, daß die Sache entdeckt wird. Und im Interesse des alten Herrn Krüger werd' ich ...

Wehrhahn, *gähnend, uninteressiert*. Es blendet mich, schließen Sie mal die Rouleaus.

Fleischer. Auf dem Kahne befand sich ein alter Schiffer – wahrscheinlich der Eigentümer des Schiffes.

Wehrhahn, *wie vorher, gähnend*. Ja. Höchst wahrscheinlich.

Fleischer. Dieser Mann saß auf dem Deck in einem Pelze, den ich aus der Ferne für Biber hielt.

Wehrhahn, *wie vorher*. Ich hätt' ihn vielleicht für Marder gehalten.

Fleischer. Ich fuhr heran, soweit es möglich war, und konnte so ziemlich gut beobachten. Es war ein dürftiger, schmuddliger Schiffer, und der Pelz schien durchaus nicht für ihn gemacht. Es war auch ein nagelneues Stück ...

Wehrhahn, *scheinbar zu sich kommend*. Ich höre, ich höre – nun? Und? Was weiter?

Fleischer. Was weiter? Nichts!

Wehrhahn, *scheinbar auflebend*. Sie wollten mir doch eine Anzeige machen. Von etwas Wichtigem sprachen Sie doch.

Fleischer. Ich habe gesagt, was ich sagen wollte.

Wehrhahn. Sie haben uns hier eine Geschichte erzählt von einem Schiffer, der einen Pelz trägt. Nun, Schiffer tragen mitunter Pelze. Das ist keine große Neuigkeit.

Fleischer. Darüber denken Sie so oder so. Unter diesen Verhältnissen bin ich am Ende. *Er geht ab.*

Wehrhahn. Ist Ihnen wohl so was mal vorgekommen? Der Mann ist ja bodenlos dumm außerdem. Ein Schiffer hat einen Pelz angehabt. Ist der Mann wohl plötzlich verrückt geworden? Ich besitze ja selbst einen Biberpelz. Ich bin doch deshalb noch lange kein Dieb. – Schockschwerenot! was ist denn das wieder? Es soll wohl heut gar keine Ruhe werden. *Zu Mitteldorf, der an der Tür steht*. Sie lassen jetzt niemand weiter herein. Herr Motes, tun Sie mir den Gefallen, gehen Sie, bitte, rüber in meine Privatwohnung. Wir können dort ungestörter verhandeln. – Zum soundsovielsten Mal dieser Krüger. Der ist ja wie von Taranteln gestochen. Wenn der alte Esel fortfährt, mich zu plagen, da fliegt er noch mal zur Türe raus.

Krüger wird in Begleitung von Fleischer und Frau Wolff in der offnen Tür sichtbar.

Mitteldorf, *zu Krüger*. Herr Vorsteher ist nicht zu sprechen, Herr Krüger.

Krüger. Ach was! Nicht zu sprechen! Das ist mir kanz kleichgiltig. *Zu den übrigen*. Immer vorwärts, vorwärts. Das will ich mal sehen.

Alle, Krüger voran, treten ein.

Wehrhahn. Ich möchte um etwas mehr Ruhe bitten. Wie Sie sehen, habe ich hier noch zu verhandeln.

Krüger. Verhandeln Sie ruhig, wir können warten. Dann werden Sie wohl auch mit uns verhandeln.

Wehrhahn, *zu Motes*. Also bitte, drüben in meiner Privatwohnung – und wenn Sie Frau Dreier etwa sehen, ich möchte sie auch lieber drüben verhören. Sie sehen ja selbst: hier ist es unmöglich.

Krüger, *auf Fleischer zeigend*. Der Herr hier weiß auch etwas von der Frau Treier. Kann Ihnen sokar etwas Schriftliches keben.

Motes. Gehorsamer Diener, empfehle mich bestens. *Ab.*

Krüger. Der Mann hat's nötig, sich zu empfehlen.

Wehrhahn. Ich bitte, enthalten Sie sich Ihrer Bemerkungen.

Krüger. Das sage ich noch mal: der Mann ist ein Schwindler!

Wehrhahn, *als ob er es nicht gehört, zu Wulkow*. Nun also, was gibt's? Erst werde ich Sie abfertigen. Die Bücher, Glasenapp! – Lassen Sie mal. Ich will mir erst das mal vom Halse schaffen. Zu Krüger. Ich werde erst Ihre Sache erledigen.

Krüger. Ja, darum wollt' ich auch tringend bitten.

Wehrhahn. Wir wollen mal von dem »dringend« ganz absehen. Was hätten Sie also für ein Anliegen?

Krüger. Kein Anliegen. Kar kein Anliegen hab' ich. Ich komme, mein kutes Recht zu beanspruchen.

Wehrhahn. Was wäre das für ein gutes Recht?

Krüger. Mein kutes Recht, Herr Amtsvorsteher. Das Recht, das ich habe, als ein Bestohlener, daß die Ortsbehörde mir Beistand leistet, mein gestohlenes Gut zurückzuerhalten.

Wehrhahn. Ist Ihnen der Beistand verweigert worden?

Krüger. Nein, kar nicht. Das kann ja auch kar nicht sein. Aber dennoch sehe ich, daß nichts keschieht! Die kanze Sache nimmt keinen Fortgang.

Wehrhahn. Sie glauben, das geht so im Handumdrehen?

Krüger. Ich klaube kar nichts, Herr Amtvorsteher. Ich wäre dann wohl nicht hergekommen. Ich habe vielmehr bestimmte Beweise. Sie nehmen sich meiner Sache nicht an.

Wehrhahn. Ich könnte Sie jetzt schon unterbrechen. Etwas Weiteres der Art anzuhören, läge ganz außer meiner Amtspflicht. Einstweilen reden Sie aber nur weiter.

Krüger. Sie könnten mich kar nicht unterbrechen. Als preußischer Staatsbürger habe ich Rechte. Und wenn Sie mich hier auch unterbrechen, dann kiebt es andere Orte zum Reden. Sie nehmen sich meiner Sache nicht an.

Wehrhahn, *scheinbar gelassen.* Nun bitte, wollen Sie das begründen.

Krüger, *auf die Wolffen und ihre Tochter zeigend.* Hier, diese Frau ist zu Ihnen gekommen. Ihre Tochter hat einen Fund kemacht. Sie hat den Weg nicht kescheut, Herr Vorsteher, obkleich sie doch eine arme Frau ist. Sie haben sie einmal abkewiesen, und heute ist sie wiedergekommen ...

Frau Wolff. Er hatte halt doch keine Zeit, der Herr Vorsteher.

Wehrhahn. Ach bitte, weiter ...!

Krüger. Ich bin auch durchaus noch lange nicht fertig. Was haben Sie zu der Frau kesagt? Sie haben der Frau kanz einfach kesagt: Sie hätten jetzt keine Zeit für die Sache. Sie haben nicht einmal die Tochter verhört. Sie wissen auch nicht den keringsten Umstand; von dem kanzen Vorfall wissen Sie kar nichts.

Wehrhahn. Jetzt möcht' ich Sie bitten, sich etwas zu mäßigen.

Krüger. Ich bin kemäßigt, ich bin sehr kemäßigt. Ich bin viel zu kemäßigt, Herr Amtsvorsteher. Ich bin noch ein viel zu kemäßigter Mensch. Was sollte ich sonst zu so etwas sagen? Was ist das für eine Art Untersuchung? Dieser Herr hier, Herr Fleischer, ist bei Ihnen kewesen, mit einer Beobachtung, die er kemacht hat. Ein Schiffer trägt einen Biberpelz ...

Wehrhahn, *die Hand erhebend.* Pst, warten Sie mal! *Zu Wulkow.* Sie sind doch Schiffer?

Wulkow. Seit dreißig Jahren hebb' ick jeschiffwerkt.

Wehrhahn. Sie sind wohl schreckhaft? Sie zucken ja so.

Wulkow. Ick hebbe mir richtig 'n bißken verschrocken.

Wehrhahn. Tragen nun die Spreeschiffer öfter Pelze?

Wulkow. Manch eener hat seinen Pelz, immerzu.

Wehrhahn. Der Herr dort hat einen Schiffer gesehn, der hat im Pelz auf dem Deck gestanden.

Wulkow. Da is nischt Verdächtijes bei, Herr Vorsteher. Da sin ville, die schöne Pelze hab'n. Ick hebbe sojar all ooch selber eenen.

Wehrhahn. Na sehn Sie, der Mann hat selbst einen Pelz.

Fleischer. Aber schließlich doch keinen Biberpelz.

Wehrhahn. Das haben Sie ja nicht genau gesehen.

Krüger. Wa? Hat der Mann einen Biberpelz?

Wulkow. Da jibt et ville, kann ick Ihn sachen, die hebben de schönsten Biberpelze. Warum ooch nich? 's Jeld langt ja all zu.

Wehrhahn, *im Vollgefühle des Triumphes mit gemachter Gleichgültigkeit*. So. *Leichthin.* Bitte, fahren Sie fort, Herr Krüger. Das war nur so ein kleiner Abstecher. Ich wollte Ihnen nur mal vor Augen führen, was es auf sich hat mit dieser »Beobachtung«. – Sie sehen, der Mann hat selbst einen Pelz. *Wieder heftig*. Es wird uns doch deshalb im Traume nicht einfallen, zu sagen: er hätte den Pelz gestohlen. Das wäre ja eine Absurdität.

Krüger. Wa? Ich verstehe kein Wort davon.

Wehrhahn. Da muß ich noch etwas lauter reden. Und da ich mal gerade im Reden bin, da möchte ich Ihnen auch gleich mal was sagen. Nicht in meiner Eigenschaft als Beamter, sondern einfach als Mensch wie Sie, Herr Krüger. Ein immerhin ehrenwerter Bürger, der sollte mit seinem Vertrauen mehr haushalten – sich nicht auf das Zeugnis von Leuten berufen ...

Krüger. Mein Umkang, mein Umkang ...?

Wehrhahn. Jawohl, Ihr Umgang.

Krüger. Da geben Sie nur auf sich selber acht. Solche Leute wie Motes, mit dem Sie umkehen, die sind bei mir aus dem Hause keflogen.

Fleischer. Dem Mann, der in Ihrer Privatwohnung wartet, dem hab' ich bei mir die Tür gewiesen.

Krüger. Er hat mich um meine Miete beschwindelt.

Frau Wolff. Da sein er nich viele hier am Orte, die der nich hat hinten und vorne beschwindelt, um Böhms, um Märker, um Taler, um Goldsticke.

Krüger. Der Mann hat das richtige Steuersystem.

Fleischer *zieht aus seiner Tasche ein Papier.* Der Mann ist auch reif für den Staatsanwalt. *Er legt das Papier auf den Tisch.* Ich bitte gefälligst, das durchzulesen.

Krüger. Das Blatt hat Frau Dreier selbst unterschrieben. Er hat sie zum Meineid verleiten wollen.

Fleischer. Sie hat sollen aussagen gegen mich.

Krüger, *Fleischer anfassend.* Das ist ein unpescholtner Mann, und den will dieser Schuft ins Elend bringen. Und Sie reichen dem Menschen dazu die Hand.

Sprechen gleichzeitig: **Wehrhahn**. Ich bin nun am Ende mit meiner Geduld. Was Sie mit dem Manne zu verhandeln haben, das geht mich nichts an und ist mir auch gleichgiltig. *Zu Fleischer.* Entfernen Sie mal den Wisch da gefälligst.

Krüger, *abwechselnd, zur Wolffen und zu Glasenapp.* Das ist der Freund des Herrn Amtsvorstehers. Das ist der Kewährsmann. Ein schöner Kewährsmann. Ein Revolvermann, wolln wir mal lieber sagen.

Fleischer, *zu Mitteldorf.* Ich bin keinem Menschen Rechenschaft schuldig. Was ich tu' und lasse, ist meine Sache. Mit wem ich umgehe, ist meine Sache. Was ich denke und schreibe, ist meine Sache.

Glasenapp. Man kann ja sein eigenes Wort nicht verstehen. Herr Vorsteher, soll ich vielleicht den Gendarm holen? Ich springe schnell rüber. Mitteldorf! ...

Wehrhahn. Ich bitte um Ruhe. *Ruhe tritt ein. Zu Fleischer.* Entfernen Sie mal den Wisch da gefälligst.

Fleischer *tut es.* Der Wisch da kommt vor den Staatsanwalt.

Wehrhahn. Das mögen Sie halten, wie Sie wollen. *Er steht auf und nimmt aus dem Schrank das Paket der Frau Wolff.* Damit diese Sache nun aus der Welt kommt. *Zu Frau Wolff.* Wo haben Sie also das Ding gefunden?

Frau Wolff. Ich hab's doch gar nich gefunden, Herr Vorsteher.

Wehrhahn. Na wer denn sonst?

Frau Wolff. Meine jingste Tochter.

Wehrhahn. Warum haben Sie die nicht mitgebracht?

Frau Wolff. Sie war ja doch da, Herr Amtsvorsteher. Ich kann se ja auch schnell rieberholen.

Wehrhahn. Das verzögert doch aber die Sache bedeutend. Hat Ihnen das Mädel denn nichts erzählt?

Krüger. Sie sagten doch, auf dem Wege zum Bahnhof.

Wehrhahn. Der Dieb ist also wohl nach Berlin. Da werden wir schlechtes Suchen haben.

Krüger. Ich klaube das kar nicht, Herr Amtsvorsteher. Herr Fleischer hat eine kanz richtike Ansicht. Die kanze Sache mit dem Paket ist angelegt, um uns irrezuführen.

Frau Wolff. Ooch noch! Das kann ganz gutt meeglich sein.

Wehrhahn. Na, Wolffen, Sie sind doch sonst nich so dumm. Was hier gestohlen wird, geht nach Berlin. Der Pelz war längst in Berlin verkauft, noch eh wir hier wußten, daß er gestohlen war.

Frau Wolff. Herr Vorsteher, nee, ich kann mer nich helfen. Da bin ich doch nich ganz Ihrer Meenung. Wenn der Dieb in Berlin is, da mecht' ich wissen: was braucht der aso a Paket zu verlieren.

Wehrhahn. Man verliert doch so was nicht immer absichtlich.

Frau Wolff. I, sehn Se sich bloß das Paket amal an, da is alles so scheene zusammgepackt, de Weste, der Schlissel, das Stickel Papier ...

Krüger. Ich klaube, der Dieb ist hier am Ort.

Frau Wolff, *Krüger bestärkend*. Na sehn Se, Herr Krieger.

Krüger, *bestärkt*. Das klaub' ich bestimmt.

Wehrhahn. Bedaure, ich neige nicht zu der Ansicht. Ich hab' eine viel zu lange Erfahrung ...

Krüger. Was? Eine lange Erfahrung? Hm!

Wehrhahn. Gewiß. Auf Grund dieser langen Erfahrung weiß ich, daß diese Möglichkeit kaum in Betracht kommt.

Frau Wolff. Na, na, ma soll nischt verreden, Herr Vorsteher.

Krüger, *mit Bezug auf Fleischer*. Er hat aber doch einen Schiffer gesehen ...

Wehrhahn. Ach, kommen Sie doch nicht mit dieser Geschichte. Da müßt' ich ja alle Tage Haussuchung halten, mit zwanzig Gendarmen und Polizisten. Da müßt' ich bei jedem einzelnen haussuchen.

Frau Wolff. Da fangen Se ock gleich bei mir an, Herr Vorschteher.

Wehrhahn. Na, ist denn so was nicht lächerlich? Nein, nein, meine Herren, so geht das nicht. So kommen wir nun und nimmer zu etwas. Sie müssen mir gänzlich freie Hand lassen. Ich habe schon meine Verdachte gefaßt und will einstweilen nur noch beobachten. Es gibt hier so einige dunkle Gestalten, die hab' ich schon lange aufs Korn genommen. Frühzeitig fahren sie rein nach Berlin, mit schweren Hucken auf dem Rücken, und abends kommen Sie leer zurück.

Krüger. Die Chemüsefrauen gehen wohl so mit ihrem Chemüse auf dem Rücken.

Wehrhahn. Nicht nur die Gemüsefrauen, Herr Krüger. Ihr Pelz ist wahrscheinlich auch so gereist.

Frau Wolff. Das kann halt eben ooch meeglich sein. Unmeeglich is halt nischt uff der Welt.

Wehrhahn, *zu Wulkow*. Na also. Nun? Sie wollen anmelden.

Wulkow, 'n kleenet Mächen, Herr Amtsvorsteher.

Wehrhahn. Ich werde also mein möglichstes tun.

Krüger. Ich lasse nicht eher Ruhe, Herr Vorsteher, als bis ich zu meinem Pelze komme.

Wehrhahn. Nun, was gemacht werden kann, wird gemacht. Die Wolffen kann ja mal'n bißchen rumhören.

Frau Wolff. Uff so was versteh' ich mich eemal zu schlecht. Aber wenn aso was nich rauskommt, nee, nee, wo bleibt da ock alle Sicherheet!

Krüger. Sie haben kanz recht, Frau Wolffen, kanz recht. *Zu Wehrhahn*. Ich bitte das Päckchen kenau zu besichtigen. Es ist eine Handschrift auf dem Zettel, die zu einer Entdeckung führen kann. Und übermorgen früh, Herr Vorsteher, werd' ich wieder so frei sein, nachzufragen. Kuten Morgen! *Ab*.

Fleischer. Guten Morgen. *Ab*.

Wehrhahn, *zu Wulkow*. Sie sind wieviel Jahr alt? Guten Morgen, guten Morgen! – Bei den beiden Kerls ist was los da oben. *Zu Wulkow*. Wie heißen Sie?

Wulkow. August Philipp Wulkow.

Wehrhahn, *zu Mitteldorf*. Gehen Sie mal rüber in meine Wohnung. Da sitzt der Schriftsteller Motes und wartet. Sagen Sie ihm, es tät' mir leid, ich hätte heut morgen anderes zu tun.

Mitteldorf. Da soll er nich warten?

Wehrhahn, *barsch*. Nicht warten! Nein!

Mitteldorf ab.

Wehrhahn, *zu Frau Wolff*. Ist Ihnen der Schriftsteller Motes bekannt?

Frau Wolff. Bei so was, wissen Se, da schweig' ich lieber. Da könnt' ich Ihn nich viel Guttes erzählen.

Wehrhahn, *ironisch*. Von Fleischer dagegen umso mehr.

Frau Wolff. Das is Ihn ooch wirklich kee iebler Mann.

Wehrhahn. Sie wollen wohl'n bißchen vorsichtig sein?

Frau Wolff. Nee, wissen Se, dazu taug' ich nischt. Ich bin immer geradezu, Herr Vorsteher. Wenn ich mit'm Maule nich immer so vorneweg wär', da hätt' ich könn schonn viel weiter sein.

Wehrhahn. Bei mir hat Ihnen das noch nicht geschadet.

Frau Wolff. Bei Ihn nich, nee, Herr Amtsvorsteher. Sie kenn ooch a offnes Wort vertragen. Vor Ihn da braucht ma sich nich zu verstecken.

Wehrhahn. Kurz! Fleischer, das ist ein Ehrenmann.

Frau Wolff. Das is a ooch, ja, das is a ooch.

Wehrhahn. Na, denken Sie mal an Ihr heutiges Wort.

Frau Wolff. Und Sie an meins.

Wehrhahn. Gut, wollen mal sehn. *Er dehnt sich, steht auf und vertritt sich die Beine. Zu Wulkow*. Das ist nämlich hier unsre fleißige Waschfrau. Die denkt, alle Menschen sind so wie sie. *Zu Frau Wolff*. So ist's aber leider nicht in der Welt. Sie sehen die Menschen von außen an. Unsereins blickt nun schon etwas tiefer. *Er geht einige Schritte, bleibt dann vor ihr stehen und legt ihr die Hand auf die Schultern*. Und so wahr es ist, wenn ich hier sage: die Wolffen ist eine ehrliche Haut, so sage ich Ihnen mit gleicher Bestimmtheit: Ihr Dr. Fleischer, von dem wir da sprachen, das ist ein lebensgefährlicher Kerl!

Frau Wolff, *resigniert den Kopf schüttelnd*. Da weeß ich nu nich ...